Peter Stiegnitz / ... und sie wissen, was sie tun

Peter Stiegnitz

... und sie wissen, was sie tun

Die Märtyrer-Wärter

Eine Recherche

EDITION VA BENE

Die Deutsche Bibliothek - CIP-Einheitsaufnahme

Stiegnitz, Peter
... und sie wissen, was sie tun -
Die Märtyrer-Wärter /
Peter Stiegnitz

Wien-Klosterneuburg, EDITION VA BENE, 1995
ISBN 3-85167-035-3

Umschlaggestaltung: Horst Thom, Wien
Repro: Repro 14, Wien
Satz und Druckvorlage: Wolfgang Graff, Wien
Druck und Bindung: Wiener Verlag, Himberg

Printed in Austria

ISBN 3-85167-035-3

Inhalt

Zwischentitel

Rettung für den sicheren Tod

Xenophilotiker

Die Shoatiker

Rom-Antiker

Rand-Euphoriker

Rettung für den sicheren Tod oder: Applaus von der falschen, Ablehnung von der richtigen Seite

Ich weinte. Mehr als still: stumm. Die Angst leerte meinen Magen und füllte die Hose. Ich merkte allerdings nichts davon. Der uniformierte Mann vor mir mit der Pfeilkreuzlerarmbinde, mit diesem elendigen Hakenkreuz ungarischer Nazis, brüllte: „Holt sie runter ...!" und zeigte mit ausgestrecktem Arm in die Höhe, wo der breite Stiegenaufgang dem schmalen Korridor Platz machte. Dort, hoch oben im dritten Stock, stand, das Geländer bereits hinter dem Rücken, eine Frau und schrie aus Leibeskräften: „Mich kriegt ihr nicht, ihr Schweine ...!" Drei junge Nazi-Schergen in Pfeilkreuzleruniform wollten sie noch in letzter Sekunde zurückreißen, vor dem unsicheren für den sicheren Tod retten. Sie griffen aber in die Leere; die Frau sprang ...; die unten Zitternden schrien auf. Der Körper der Selbstmörderin klatschte nur einige Meter von mir entfernt auf den harten Steinboden auf.

Urplötzlich war es still; totenstill. Nichts rührte sich. Wie nach einem Filmriß taucht eine unsichtbare Hand meine Erinnerung weg. Ich, der achtjährige Junge, dem es aus unerklärlichen Gründen gelang, den verräterischen „Gelben Stern" vom Mantel zu reißen, stehe im Innenhof eines Budapester „Pfeilkreuzlerhauses", wo die Transporte nach Auschwitz zusammengestellt werden. Es ist Spätherbst 1944.

Der brüllende Pfeilkreuzleroffizier baut sich plötzlich vor mir auf, im Hof ist es bereits stockfinster. Er leuchtet mir mit einer Taschenlampe in mein Gesicht und brüllt mich, den blonden-blauäugigen Judenbuben ohne Stern und mit vollen Hosen an: „Bist du ein Jude?!“

Diese, seit Paulus und Petrus so entscheidende Frage, die hunderte Generationen vor mir und sicherlich auch nach mir so unendlich schwer beantworten können, weil sie die Frage in Wirklichkeit gar nicht verstehen, muß ich, der Judenjunge, blitzschnell beantworten. Ich schreie aus voller Kehle: „Nein! Ich bin kein Jude!“ und denke dabei sicherlich nicht an den armen Antihelden Petrus, der auch nicht lange zögerte, seinen Herrn, wie ich damals mein Volk, zu verleugnen.

„Dann“, entscheidet der Pfeilkreuzler über (mein und der anderen) Leben und Tod, „hast' hier nichts zu suchen!“ - und drängt mich aus dem Haus des Todes. Mittlerweile wird die Leiche der Selbstmörderin davongezerrt und ich stehe auf der schwachbeleuchteten, dunklen Budapester Ringstraße.

Über vier Jahrzehnte sind seither vergangen - ich lernte dazwischen auch noch die zweifelhaften Vorzüge der kommunistischen Diktatur mehr kennen als schätzen -, aber diese Nacht des Todes im Budapester Pfeilkreuzlerhaus verfolgt mich immer noch. Helga, meine Frau, kennt die Geschichte und weiß, warum ich heute noch im Alptraum aufschrei: „Nein! Ich bin kein Jude ...!“

Ich bin es aber doch und weiß, daß ich in einer ähnlichen Situation wieder genauso handeln würde. Dann tröste ich mich mit dem Apostel Petrus, der es bedeutend schwerer hatte als ich; er mußte dreimal verleugnen; ich nur einmal.

Themen, Thesen, Theorien

- Der ewige Jude und seine Verfolgung; die Erinnerungen lassen einen nie mehr locker, die tiefen Wunden brennen weiter, die Vernarbung bleibt auf der Hautoberfläche und droht bei dem kleinsten Riß aufzubrechen und zu bluten. Das ist das *Thema* der verletzten Seelen aller unschuldig Verfolgten dieser Welt und dieses Buches.

- Die Narben brennen und bluten weiter, weil Brennen und Bluten die Aufgabe ewiger Narben ist, die nicht in die Haut hineinheilen dürfen. Ihre Mahnung - „Niemals vergessen!" - wird niemals als Mahnung vergessen. Der Wunsch nach innerer Befreiung vom äußeren Druck wird - gar nicht so selten - bewußt verdrängt, und die verletzte Seele lechzt nach neuem Brennen und Bluten. Das ist die *These* der Überlebenden, die ein Leben über den Narben tränend „genießen".
- Die *„Theorien"* sind schwierig und umkreisen den Wunsch nach Schuld und Sühne; die glaubwürdige Rache wird zur unglaubwürdigen Gerechtigkeit deformiert und salonfähig hochstilisiert. Auch die kompliziertesten psychischen Praktiken lassen sich - nahezu - mühelos in einfache Theorien fassen. (Wer jedoch sein Produkt für einen Höchstpreis verkaufen will - wie das viele meiner sozialwissenschaftlichen Zunftgenossen pflegen -, der geht lieber den umgekehrten, wenn auch lukrativen Weg. - Aber das nur nebenbei.)

Wie jede Theorie, so dient auch diese vor allem dem experimentellen Nachvollzug. Genau das war unsere Arbeitsweise, genau das empfehlen wir den interessierten Lesern. Nach der Lektüre dieses Buches führen Sie, wenn Sie Gelegenheit dazu haben, Gespräche mit Betroffenen, mit Menschen, die sich „betroffen" zeigen, weil sie nicht nur Mitglieder einer, meist schicksalsgemeinschaftlichen Minderheit, sondern weil sie leidenschaftlicher Bewahrer der einstigen Opfer sind. Diese „Wärter" und „Wächter" der Märtyrer gehörten selber nur selten den Opfern an, weil ihnen - wie im Falle der emigrierten Juden - noch rechtzeitig die rettende Flucht gelang.

Die Theorien des totalen Einsatzes der „Märtyrer-Wärter“ setzen eine heroische Leistung voraus: die Entkrampfung, Entmythologisierung der wohl traurigsten Zeit seit der Antike. Wer die Position, die Selbsterfüllung der „Wärter“, „Wecker“ und „Wächter“ der auflodernden Erinnerungen verstehen will, wer das Kontraproduktive dieser Unbequemen genauso wenig scheut, wie diese die Entlassung aus der selbstgewählten moralischen Verantwortung, der nimmt nicht nur die Gefahr des Applauses von der „falschen Seite“ in kauf, sondern auch die Ablehnung von der „richtigen Seite“.

Die sozialanalytische Theorie schafft das Bindeglied zwischen der häufig gehörten Behauptung, daß „Ausländerfeinde“ immer nur ihre eigenen Schwierigkeiten projezieren und die selten erwähnte Tatsache, daß auch „Ausländerfreunde“ nichts anderes pflegen. Beide, Freunde wie Feinde der „Fremden“, bringen in ihre Politik die eigenen Probleme ein.

Ob die Aufarbeitung dieses „heißen Eisens“ als solches oder als „eisige Hitze“ auf- und angefaßt wird, das hängt von Ihnen, der diese Zeilen liest, ab.

Vor über 40 Jahren rettete eine Lüge mein Leben, diesmal soll die Wahrheit als Wirklichkeit Geschehnisse und Geschichte durch einen Blickwinkel, der heutzutage selten geworden ist, ausleuchten. Ich habe dabei absichtlich vier kritische, weil plakative Schicksalsgemeinschaften - von einer „Minderheit“ kann man hier nur zum Teil reden - gewählt: Juden, Zigeuner (Roma, Sinti, Lovara, usw.), Fremde schlechthin und gewisse Subgruppen, wie z. B. die der Drogenabhängigen.

Die überbetonte Vorliebe für echte und angedichtete Außenseiter, das neurotische Beharren auf Mythen und Märtyrer stellt - in der sozialanalytischen Theorie - eine nahezu unzerreißbare Bindung zwischen *Schuld* und *Sinn* her.

Unsere Epoche wird als die Zeit der Sinn-Suche in die Annalen der Geschichte eingehen. Seit dem systematischen Abbau aller Hierarchien, seit wir alle „Bosse“ - vom Familien- bis zum Ewigen Vater - von ihren Thronen stürzten, stellen wir uns unentwegt die „Großen Sinn-Fragen“ und warten auf eine gültige Antwort, die uns genauso wenig wie die Juden der Messias erreichen wird. In die Sinnlehre, besser gesagt, in die Leere durch den Nicht-Sinn, stoßen allerhand Ersatzreligionen - Geld und Gurus, Prestige und Politik, Mediziner und Marionetten - vor.

Das „Märtyrer-Wärtertum“ ist weder ein österreichisches Phänomen noch das Monopol der in diesem Buch skizzierten vier Gruppen: Juden, Zigeuner, Ausländer und Randgruppen; in nahezu allen Ländern der Welt finden wir die unterschiedlichsten Gruppen, die ihre, aus politischen, religiösen oder rassischen Gründen ermordeten Toten „über Gebühr“ - so relativ dieser Begriff auch ist - verehren und sie der Vergessenheit, nicht immer aus selbstlosen Gründen, mit Gewalt entreißen wollen. So kann sich der Autor, als damals noch junger Mensch, sehr gut an die „Märtyrer-Wärter“ der 1956-er ungarischen Revolution in Wien erinnern. Die geflüchteten „Helden“ der von der Sowjetmacht brutal im Blut erstickten Budapester Revolution - von wenigen Ausnahmen abgesehen konzentrierte sich der Aufstand vom 23. Oktober 1956 auf die Hauptstadt - hielten nicht nur die rot-weiß-grüne Fahne mit dem schwarzen Loch in der Mitte, wo der verhaßte Sowjetstern herausgerissen wurde, aufrecht, sondern versuchten jahrelang, jedwede Annäherung zwischen Österreich und Ungarn - glücklicherweise vergeblich - zu unterbinden.

Verdiente Vergessenheit

Diese ungarischen „Märtyrer-Wärter“ kamen politisch schneller in die Jahre als biologisch. Im Schatten der sich langsam, dafür kontinuierlich anbahnenden, zunächst wirtschaftlichen, dann auch politischen und kulturellen bilateralen Beziehungen zwischen Österreich und Ungarn, verkümmerten sie und gerieten - schneller als die 1956-er Revolution - in Vergessenheit. Die anderen, in Wien tätigen osteuropäischen Exil-Gruppen verschwanden noch schneller als die ungarischen in ihrer verdienten Vergessenheit.

Einen gänzlich anderen, politisch-statistischen Weg „gehen" die Exil-Kubaner in Florida, die nicht gewillt sind, ihre kläglich gescheiterte „Schweinebucht"-Landung aus dem Jahre 1961 zu vergessen. Die damaligen jungen Exilkubaner ließen sich von den Amerikanern aufrüsten und wußten nicht, daß sie darüber hinaus mit keiner Hilfe mehr rechnen konnten. Allerdings konnten auch die „Schweinebucht-Helden" ihr Versprechen - Volksaufstand gegen Castros kommunistische Macht - nicht erfüllen. Drei Tage waren sie auf See, nur genauso lang dauerte ihr verzweifelter Kampf. Dann gingen ihnen Munition und Verpflegung aus, und auf die - angeblich - versprochene US-Hilfe könnten sie heute noch warten. So mußten die „Helden" unverrichteter Dinge, vom kubanischen Volk wie von US-Militärs im Stich gelassen, den Schandweg, viele nach unterschiedlich hohen Gefängnisstrafen, nach Miami zurückschiffen. So kehrten die 1500 „jungen kubanischen Patrioten" trockenen Fußes, aber mit nassen Hosen aus dem kubanischen Playa Girón zurück.

Weit über drei Jahrzehnte sind seither vergangen. Castro regiert und sein Volk hungert, wenn auch „stolz", auf Kuba, das ohne die lebensnotwendige Hilfe der europäischen Ost-Staaten kaum mehr existieren kann. Genauso „stolz" harren die Exil-Kubaner in Miami aus. „Es gibt keine wehmütigeren Immigranten als die Exilkubaner und kaum radikalere. Viele Cuban-Americans haben inzwischen die längste Zeit ihres Lebens in den Staaten verbracht, haben amerikanische Pässe und Kinder und verstehen sich trotzdem in erster Linie als Exilanten. Und jene, die selbst nie auf Kuba gewesen sind, haben das Heimweh von ihren Eltern geerbt." (Irene Jancsy: „Nächstes Jahr in Havanna", in: „profil" 27/95).

Die kubanischen „Märtyrer-Wärter", Veteranen ihrer legendären „Brigada 2506" und ihre Kinder, sind - im Gegensatz zu den „Märtyrer-Wärtern" in Österreich (und Deutschland) - alles andere als harmlos. Sie schäumen und träumen von der Invasion und wegen des „US-Verrats" nicht nur im stillen Kämmerlein ihres rachedurstigen Herzens, sondern unternehmen auch konkrete Schritte, wie z. B. die Rekrutierung für eine kubanische Exil-Truppe, die sie „Alpha 66" nennen. Von diesen und ähnlichen Scheinhandlungen abgesehen, bleibt auch den Exil-Kubanern nichts anderes übrig als die Erinnerung an die einstigen „Heldentaten": 100 Kameraden fielen, fünf wurden erschossen, ein Gutteil verhaftet, wobei die meisten nach zwei Jahren Kerker freikamen und nur die Rädelsführer bis zu 20 Jahre in Haft blieben.

Die kubanischen „Märtyrer-Wärter" in Miami trauern und hoffen weiter.

Noch ein Beispiel, gleichfalls aus dem amerikanischen Kontinent, soll - diesmal - die Unsinnigkeit eines überspitzten, weil gekünstelten „Antirassismus" charakterisieren. Die US-Amerikaner werden mit ihrem „Negerproblem" kaum fertig; als übertriebene Reaktion auf die langzeitige Verfolgung und Benachteiligung der Schwarzen kennen diese „Märtyrer-Wärter" keinen Halt mehr. Jüngstes Opfer ihrer Jagd nach „Negerfeindlichkeit" ist niemand geringerer als der wohl bekannteste US-Literat, Mark Twain. Der über allen „Rassismus"-Vorwurf erhabene Twain soll - so die US-„Märtyrer-Wärter" - in seinem „Die Abenteuer des Huckleberry Finn" angeblich „üblen Rassismus" getrieben haben. Der schwarze Literatur-Professor Dr. John Wallace hält dieses Lieblingsbuch unzähliger Generationen sogar für „das groteske Beispiel von rassistischem Schund, das je geschrieben wurde" - zitiert aus dem Artikel von Kathrin Meier-Rust. „Plötzlich soll Huck Finn ein Rassist gewesen sein" („Rheinischer Merkur", 28/1995).

Was werfen diese „Märtyrer-Wärter" Mark Twain eigentlich vor? An erster Stelle steht Twains „verschwenderischer Umgang" mit dem Wort „nigger"; genau 215 mal steht dieses Wort in „Huckleberry Finn", im „Tom Sawyer" allerdings nur dreimal. Der zweite Hauptvorwurf gegen den „Rassisten" Twain betrifft die Figur des dümmlichen, nicht besonders intelligenten Negersklaven Jim, der ein richtiger Tolpatsch, wenn auch außerordentlich gutmütig, ist.

Der weltberühmte Literat Mark Twain, und das übersehen seine „märtyrer-wärterischen" Kritiker, hat die Sprache und auch die ohne Zweifel für die Neger alles andere als rosige politische Zeit des vorigen Jahrhunderts wiedergegeben. Gegen „Huck Finn" wird Alex Haileys „Roots" als Widerspiegelung eines „realistischen Bildes der damaligen Zustände" gepriesen. Nichts gegen „Roots", doch ist es untragbar, wenn ein bedeutendes Werk der Weltliteratur, wie „Huckleberry Finn" es ohne Zweifel ist - nicht trotz, sondern wegen seiner leichten Lesbarkeit -, durch eine andere Geschichte aufgewogen wird.

Die Ideologie der meisten US-„Märtyrer-Wärter" heißt „politische Korrektheit", eine Moderichtung „links-progressiver" Tendenz. Psychologisch durchaus verständlich sind die „antirassistischen" Bestrebungen dieser Ideologie, doch münden sie in ihren unglaubwürdigen Übertreibungen in einer grotesken Sackgasse. So darf man an den meisten US-Höheren und Hochschulen das Wort „Nigger" nicht mehr aussprechen, obwohl viele Schwarze selbst diese Bezeichnung, vor allem in der farbigen Pop-Szene, verwenden. Stattdessen wird schamhaft nur mehr vom „n-Wort" gesprochen. So dürfen z. B. die Schüler, die während des Literaturunterrichtes Mark Twain vorlesen, stat „Nigger" nur mehr „n-Wort" sagen.

Die der „politischen Korrektheit" verfallenen „Märtyrer-Wärter" führen, wenn von „Huck Finn" die Rede ist, die dümmliche Figur des Jim als „rassistisches Beispiel" an. Die überspitzten „Korrekten" irren sich jedoch. „Gerade weil Mark Twain die rassistischen Klischees so voll ausspielte, war ihre Umkehrung denn auch von enormer Wirkung", erklärt die schwarze Literaturprofessorin Dr. Jenniver Jordan. Für die Leser des 19. Jahrhunderts war nämlich die Vermenschlichung Jims der Schock - heute im 20. ist es das Klischee, das damals natürlich keinen störte, sondern im Gegenteil die Leser erst mal für das Buch einnahm. Jordan, die an der Howard University in Washington schwarzen Studenten Mark Twain vermittelt, stößt nie auf Widerstände, und auch das „n-Wort" ist, in dieser rein schwarzen Umgebung, kein Problem: „Es kann für schwarze Studenten sogar sehr befreiend sein, dieses Wort einmal so richtig ‚auszuweiden' und ihm damit seine Macht zu nehmen." (Kathrin Meier-Rust).

Schuld-Schein und Schein-Schuld

Eine der vielen Mitteln und Möglichkeiten der Sinn-Suche ist die *Schuld*, die zwar nie beglichen, doch umso öfter eingelöst wird. Nur: Statt eines Schuld-Scheines wird eine Schein-Schuld präsentiert. Die „Märtyrer-Wärter", die - symbolisch - das Gefühl nicht loswerden, Millionen Leichen im Keller zu haben, identifizieren sich aus schlechtem Gewissen mit den Ermordeten. Dieses psychische Gleichgewicht - wie im Falle der jüdischen Reemigranten - besteht aus Schuld- und Minderwertigkeitskomplexen. „Schuldgefühle", weil sie ihr eigenes Leben - im Gegensatz zu ihrer

„Ehre“ - retten konnten, und Minderwertigkeitsgefühle, weil sie in das „Land der Henker“ zurückkehrten.

Die allgemeine Begehrlichkeit der permanenten Sinn-Suche - das geht weit über unser Thema hinaus - mündet entweder in einem mehr oder minder vorübergehenden Finden zeitbegrenzter Erfüllungsorte (Sekten, Priester- und esoterische Gemeinschaften, Konsum-Marktplätze, usw.) oder in einer melancholischen Lethargie des Selbstmitleids.

Der ewig Suchende bleibt, wie der rastlose Wanderer, irgendwann erschöpft stehen, fühlt sich depressiv, da er sein „Ziel“ nicht erreichte; Angst bemächtigt sich seiner Seele. Angst, Depression und Erschöpfung sind auch das untrügliche Zeichen der „Märtyrer-Wärter“, die die Realitätsferne ihres Strebens und Zieles - das Wachhalten ewiger Erinnerungen - schmerzhaft, wenn auch nur selten bewußt, wahrnehmen.

Die psychologische Leitlinie in ein seelisches Abseits führt von der (Ersatz-)Sinn-Suche über das Selbstmitleid direkt in verschiedene, selbstgewählte Angst-Fallgruben. Diese sozialpsychologische Abartigkeit - sie widerspricht der natürlichen Arterhaltung - übt auf viele Menschen eine magische Kraft, eine echte Versuchung aus. „Versuchung“ (von Alkoholgenuß bis zu Autorasen, von Sex bis Schokolade) erzeugt Glücksgefühl, daher unterliegen wir ihr. Deshalb ängstigen sich viele Menschen vor dem Verlust der Versuchung. Die fromme Bitte („Führe uns nicht in Versuchung!“) ist naturgemäß eine Lüge, eine scheinheilige Glücksabwendung.

Das Genußziel der Versuchung ist die Befriedigung unterschiedlicher Wünsche. So auch im Leben und Streben der „Märtyrer-Wärter“. „Die Toten sind lebendig, sie schützen die Lebenden, aber sie führen sie auch in Versuchung.“ (Karl-Markus Gauß: „Die Toten leben“, in: „Die Presse“ 17. 6. 1995). Die Opfer des Nationalsozialismus

„schützen" die überlebenden und reemigrierten Juden mehrfach: Sie wachen mißtrauisch über antisemitische Alt-Neuanfänge und bewachen das Feuer der Erinnerung. So gesehen können die Überlebenden und ihre Nachkommen den Ermordeten einiges verdanken. Die Toten führen aber auch andere Lebende in die „Versuchung"; diesmal in die äußere Kapitulation vor dem, im gesellschaftlichen Untergrund brodelnden Antisemitismus. Das ist wiederum das Schicksal der angepaßten „Nicht-Märtyrer"-Wärter.

Das gemeinsame psychologische Dilemma der Assimiliert-Angepaßten einerseits und der Ausgetretenen, die sich gewaltsam an ihre ursprüngliche Minderheit retourreklamieren andererseits, spiegelt sich am konsequentesten in der Identitätskrise wider.

Mit „Identität" beschreiben wir die Übereinstimmung verschiedener Personen mit einer bestimmten sozialen Rolle. Je konkreter, also räumlich wie kulturell definierbar und von anderen abgrenzbar diese Gegebenheit ist (z. B. „Tiroler", „Friesen", „Eisenbahn- und Briefmarkenfreunde", „Taubenzüchter", aber auch „Zigeuner", „Juden-außerhalb-Israels", „Protestanten-in-Österreich", usw.), desto stärker die Identität. Unter „Identität" wird schlußendlich die als „Selbst" erlebte innere Einheit der Person verstanden.

Die „Identifikation" weist auf das emotionale Sichgleichsetzen - in unserem Fall - mit einer bestimmten Gruppe und die Übernahme ihrer Motive und Ideale in das eigene Ich hin. Die beiden Nachbarbegriffe - „Identität" und „Identifikation" - münden in der eigenen Person, kreisen das „Ich" ein und versuchen dafür einen psychologisch zufriedenstellenden „Platz" in einer konkret definierten und abgegrenzten Gemeinschaft zu finden.

Die ursprüngliche Aufgabe der „Identität" ist die eines Kompasses, einer Wegsuche zu sich selber. Durch die abbröckelnden Hierarchien - im allgemeinen - und durch die

Deklassierung aus aufgeweichten Minderheiten - im speziellen - entsteht eine grundlegende soziale Unsicherheit. Erschwerend hiezu treten noch die unterschiedlichen Rollen, die dem heutigen Menschen durch „Open-end-Eigenschaften", (Leistung, Erfolg, Bewältigung, Modernisierung, usw.) aufgezwungen werden. Diese vielschichtigen Verschobenheiten - und das betrifft nicht nur die Minderheiten - verursachen einen Identitätsverlust, der stark ausgeprägte Ich-Störungen mit sich bringt.

Einer der vielen Auswüchse unserer emanzipatorischen Zeit ist die ständige Suche nach „Identität"; das ist auch das tägliche ideologische Brot der „Märtyrer-Wärter", in welcher Gestalt sie uns auch entgegentreten. Deshalb müssen wir uns mit Form und Bedeutung der Identität als einer sozialanalytischen Gegebenheit auseinandersetzen.

Sowohl die Makro-Identität (Volk, Nation, Ethnie, Religion ...) als auch die Mikro-Identität (Sozialdemokraten, Kinderfreunde, Freimaurer, Rapidler ...) spielen primär eine Ersatzfunktion. In konservativ-hierarchischen Gesellschaften beherrschten einige wenige Makro-Identitäten das Leben der Staatsbürger; jeder kannte seinen Platz in- und außerhalb der Familie, die hierarchisch abgestuften Zugehörigkeiten (Bauer, Arbeiter, Bürger, Adel, Klerus, usw.) waren eindeutig gegeben, und so mußte sich niemand auf die „Identitäts-Suche" machen. Vor allem die großen (monotheistischen) Religionen ersparten die neurotische Identitätsfindung. Auch Assimilations- und Aufsteigerschichten fanden ihren gesellschaftlichen Platz, und so kämpften bis zum Auftreten des rassischen Antisemitismus auch die assimilierten Juden nicht mit ihrer angeblich mangelnden Identität. - Erst nach dem Kippen der „großen Ordnungen" fühlten sich viele Menschen alleingelassen und sie mußten sich daher auf die prähistorische Jagd nach der eigenen „Identität" machen.

Die entscheidendsten Fragen der Identität „Wer bin ich?", „Wohin gehöre ich?", werden von keiner Obrigkeit mehr beantwortet. Jeder muß sich selber die Antwort geben. Genauso wie Kinder in behüteten Familien keine Identitätsschwierigkeiten kennen - ihre abhängige Zugehörigkeit liefern ihnen fixfertig die sozialen Bestimmungsfaktoren - haben Gott-Vater, Gott-Kaiser und einige wenigen „absoluten Autoritäten" die Identitäten ihrer „Untertanen" bestimmt.

„Identität" symbolisiert die Suche nach Kleidung und Nahrung. In geschlossenen, konservativ-hierarchischen Gesellschaften wurden alle elementaren Bedürfnisse befriedigt, Kleidung und Nahrung „von oben her" bereitgestellt. Natürlich waren auch diese keine paradiesischen Gesellschaften; wer „aufmuckte", revoltierte, wer „nach mehr" suchte, der mußte seine Neugier bitter büßen; er wurde nicht, wie einst Urvater Adam, aus dem Paradies vertrieben, sondern auf die Schattenseite der Ordnung, à la französische Gefängnisinseln und Strafkolonien, verbannt. Nicht einmal als ausgestoßene Außenseiter der Ordnung mußten sie sich auf Identitätssuche machen; sie waren eben Gefangene und Straftäter.

Mit dem Ende des Zweiten Weltkrieges stürzten in Europa die letzten, vom Gros der Bevölkerung akzeptierten, wirklichen Hierarchien ein. Die kommunistischen Diktaturen osteuropäischer Prägung waren zu keiner Zeit eine, von der Mehrheit akzeptierte Ordnung, daher keine wirkliche Hierarchie. Einen gewissen Halt, vor allem als Feindbild des Westens, bot die „rote Tyrannei" doch noch. Nachdem die, vor allem den Westen schützenden, Mauern in Berlin und im Burgenland fielen, blieben die Befreiten, wie einst die Entwicklungsländer, allein. Auch sie mußten nahezu gänzlich unvorbereitet den schweren Gang in die Freiheit antreten. Die Folgen dieser Nichtwegfindung kennen wir: Sie reichen vom Balkankrieg Ex-Jugoslawiens über die blutigen Auseinandersetzungen in der ehemaligen Sowjetunion bis zum Auftreten der polnischen Auto- und der ungarischen Computer-Mafia. Seither machen sich immer mehr Menschen, mit den unterschiedlichsten Lichtquellen in der Hand, von Scheinwerfern über Taschenlampen bis zu flackernden Kerzen, auf die Suche nach „ihrem Weg".

In dieser Konstellation übernehmen die „Märtyrer-Wärter" die Funktion der Lichtquellen, indem sie den verzweifelt Herumirrenden suggerieren, welchen „Weg" sie „als Jude", „als Tiroler", „als Zigeuner", „als Anti-Faschist", „als Nationaler", usw. usf. zu gehen haben, um sich und ihre Identität zu finden. Die aufgezwungene soziale Mobilität, die Wurzel- und Platzsuche, verleiht den „Märtyrer-Wärtern" eine stets wachsende Funktion.

Die Sonne, die jedem Menschen scheint, symbolisiert die „alte Ordnung"; man sah den Weg, auf den man von Geburt an gestellt wurde, klar und deutlich. Abgesehen von einem kontinuierlichen Aufstieg standen andere Wege nicht zur Disposition. In der Nacht genügen einige Wolken, um den Mond als Lichtquelle auszuschalten; künstliche Lichtspender (wie z. B. die „Märtyrer-Wärter"; aber natürlich nicht nur diese) übernehmen die Ersatzfunktion der Sonne. Obwohl auch der stärkste Scheinwerfer keine Sonne ist, sind wir für jedes Licht dankbar.

In diesem (symbolischen) Halbdunkel sind die Menschen gezwungen, ihren „eigenen Weg", den wir „Identität" nennen, zu suchen. Die ursprüngliche Identität hängt von mehreren Faktoren ab: der erste (subjektive) ist wohl das Identitäts-Bedürfnis. Assimilierte und Aufsteiger (die Soziologie spricht hier von der „sozialen Mobilität") finden allerdings nicht immer ihren Platz. In diesem Fall deklassieren sie sich: Sie entfernen sich von ihren alten Klassen und die neue nimmt sie nicht so intensiv auf, wie die Betreffenden es insgeheim erhoffen. Wer in solch einem Fall seine Makro-Identität verliert, kann Schutz in einer Mikro-Identität finden.

Ein Beispiel aus dem eigenen Leben des Autors soll diese „horizontale Stabilisierung“ charakterisieren: Als assimilierter Jude und Ungar wechselte ich Religion und Heimat (Makro-Identität), fand zwar eine eher oberflächliche Duldung, doch keine tiefreichende Toleranz. Selbst als getaufter Jude und Ex-Ungar verunsichern mich bereits dumme, nichtssagende Bemerkungen („... hier geht es zu, wie in einer ‚Judenschule‘ ...“, „Wer einem Ungar die Hand gibt, sollte nachher die Finger zählen ...“), bringen mich aus dem Identifikationsgleichgewicht. Ähnliche rassistische Witzelein schmerzen jeden Burgenländer, Mühlviertler, von Zigeunern ganz zu schweigen. Auch aus diesem Grund antworten die „Witzopfer“ mit freiwilligen Ghettos; sie suchen die sichere, Kraft spendende Nähe der Gleichgeborenen. Damit ist das seelische Gleichgewicht wieder hergestellt. Menschen - und dazu zählt sich auch der Autor -, die Abstammungs-Ghettos, in seinem Fall jüdische bzw. ungarische, meiden, gleichen Autos, die ohne Tankstellen fahren müssen. Sehr weit kommen diese Fahrzeuge mit immer weniger bis gar keinem Treibstoff nicht. In diesen verzwickten Fällen greifen die Mehrfachdeklassierten nach unguten, schädlichen und schlußendlich selbstzerstörerischen Ersatzleistungen.

Den optimalen Ausweg aus dieser, alles andere als angenehmen Situation bietet unsere emanzipatorische Gesellschaft, die neben eher wenigen Makro-, vor allem zahlreiche Mikro-Identitäten zuläßt. Dazu gehören vor allem die kosmopolitischen - also abstammungsdesinteressierten und -unabhängigen - Gemeinschaften, wie z. B. die Freimaurerei, die keine rassische, religiöse oder ethnische Differenzierung ihrer Mitglieder zuläßt. (Daß es auch hier Ausnahmen gibt, wie US-Logen, die keine Farbigen „rezipieren“, wie die Aufnahme in der Logen-Terminologie heißt, bzw. die nordeuropäischen „Andreas-Logen" und einige Hochgradsysteme, die von jedem „Bruder" ein persönliches Bekenntnis zu Jesus Christus verlangen, soll hier nur marginal erwähnt werden, da 95 Prozent der praktizierenden Freimaurer solche Differenzierungen nicht kennen.) So kann ich mein tiefreichendes Identitätsbedürfnis weniger in den Makro-, sondern vielmehr in den Mikro-Möglichkeiten befriedigen.

Dieser brauchbare Ersatz der Makro- durch Mikro-Identitäten ist nur für wenige Menschen möglich. Die anderen Deklassierten und Identitätssuchenden sind auf die oft zweifelhafte Hilfe anderer (Gurus, Polit-Demagogen, aber auch „Märtyrer-Wärter") angewiesen. Eine wirkliche innere Befriedigung finden diese „Sinn"- und Identitätssuchenden allerdings nicht. Die zahlreichen politischen, religiösen und märtyrerologischen Ersatzleistungs-Lieferanten kommen einem Urbedürfnis der menschlichen Seele, der *Sucht nach Sicherheit*, nach, indem sie verschiedene Heilsrezepte anbieten. Die religiösen Gurus versprechen das Paradies auf Erden, die Polit-Demagogen legen verzehrfertige Opferlämmer auf den Altar der eigenen Unzulänglichkeiten („Nicht du, sondern die Juden, Zigeuner und die anderen Fremden sind an Deinem Unglück schuld ...!") und die „Märtyrer-Wärter" bevorzugen den Blick-zurück-im-Zorn und weisen ihren Opfern selbstzerfleischende Rächer-Rollen zu.

Neben der Sucht nach Sicherheit kämpft der Mensch auch mit einem zweiten seelischen Urbedürfnis: mit dem *Wunsch nach Mobilität*, nach Freiheit, Entwicklung, Entfaltung, Erfolg, nach Anerkennung und Akzeptanz.

Diese beiden, einander widersprechenden Urbedürfnisse - Sicherheit (Identität) und Mobilität (Entfaltung) - quälen viele Denkende und treiben sie in abenteuerliche Scheinlösungen. die stets von übersteigerten Ängsten („Phobien") begleitet werden. In diesem Zusammenhang spricht der polnisch-israelisch-englische Soziologe Zygmunt Bauman von den gegenteiligen neurotischen Ängsten „Fixeophobie“ (Furcht vor Fixierung) und „Proteophobie“ (Furcht vor Formlosigkeit). Den Ausweg aus dieser Zwickmühle sehen Hegel und Max Weber („Modernität besteht darin, das Verhalten der Menschen rationaler, vernünftiger zu machen ...“) in der Vernunft, in der inneren Kraft der Menschen nach Einsicht und Zuversicht. Wer jedoch auf die Ratio baut, der sollte vorher Mägen und Seelen der Menschen mit Nahrung und Identität (Zugehörigkeit) füllen.

Wie neurotisch und zerrissen das Leben heutiger Menschen ist, unterstreicht auch der Soziologe Bauman: „Das Leben besteht heute - bildlich gesprochen - aus einer Reihe von Kurzreisen zu unterschiedlichen Zielen, es gleicht nicht mehr einer lebenslangen Pilgerfahrt zu dem einen, großen Ziel.“ („Psychologie heute“, 8/1995) Diese vielen Kurzreisen, so anregend und abwechslungsreich sie auch sein mögen, beunruhigen den „postmodernen“ Menschen und machen ihn für viele politische und religiöse Rattenfänger empfänglich. Andererseits wiederum ist dieser Kurzreisende gezwungen, um „Fahrpläne“ und „Umsteigmöglichkeiten“ zu studieren, seinen Verstand bedeutend intensiver als es der (Lebens-)Langreisende einst tat, zu benützen. Wer allerdings in seinem Leben oft „umsteigen“ muß, der liefert sich der Gefahr des „falschen Zuges“ aus. Aber anders geht es leider nicht.

Bleiben wir noch kurz beim Bauman-Beispiel der „Lebensreisenden“: Häufige Umsteiger trainieren ihre Intelligenz und Standfestigkeit und werden auch mit dem notwendigen Identitätswechsel fertig. Gesellschaftliche Institutionen (Familie, Schule, Arbeitgeber, aber auch Freizeitorganisationen usw.) drücken dem Reisenden ein leider oft kompliziertes Kursbuch in die Hand. Wer an der Komplexität und Kompliziertheit dieses „Kursbuches“ scheitert, dem helfen ungebetene „Zughelfer“ in der Gestalt der bereits erwähnten religiösen Gurus, Polit-Demagogen und -Populisten, aber auch der „Märtyrer-Wärter“.

„Identität“ bedeutet für Zygmunt Bauman ein „noch nicht“, indem er uns auf „eine Diskrepanz zwischen dem gegenwärtigen und dem angestrebten Zustand“ aufmerksam macht. Identitäten werden in der postmodernen Gesellschaft nicht für tragfähige Weiten gepackt und geschultert; man kann sie jederzeit, bei jeder Raststätte ablegen. „Selbst wenn eine Form der Identität dann doch länger beibehalten wird, leben die Menschen so, als ob sie täglich zur Disposition stünde.“ (Bauman)

Noch ein Moment der Unsicherheit. Genau an dieser Stelle greifen die „Märtyrer-Wärter“ als zugbegleitende Umstiegshelfer ein und zeigen eine gut praktikable Handhabung der eigenen Identität als Aufgabenerfüllung. „Es ist“, so rufen uns die „Märtyrer-Wärter“ zu, „deine Aufgabe, die Erinnerung an die Ermordeten wachzuhalten; deine Identität ist die des ‚Rächers‘, des ‚Gerechtigkeitssuchers‘, deine Philosophie heißt: ‚Niemals vergessen!‘“

Ohne Zweifel ist die „Aufgabe“ einer der wichtigsten Bestandteile der Identität, aber beide sind nicht identisch, die Aufgabenstellung füllt nie vollständig die Identität aus, sie erfüllt bestenfalls eine Motorfunktion. Während man ein Auto, wenn auch zweckentfremdet, sogar ohne Motor bewegen kann, ist der Motor außerstande, ohne Auto zu funktionieren. In unserem Beispiel ist die „Aufgabe“ der Motor und die „Identität“ das Auto. Diese sozialanalytische Relation wollen und können die „Märtyrer-Wärter“ nicht akzeptieren, da das Eingeständnis dieses Vergleiches für sie im höchsten Maße geschäftsstörend wäre.

Identität ist unsere zweite Haut, unsere Bekleidung, mit der wir - Uniformen gleich - die Zugehörigkeit zu irgendeiner Schicht signalisieren. Niemand wird in einem Dirndl und in einem Steireranzug für einen Eskimo gehalten, selbst wenn es sich dabei um grönländische Zuwanderer handelt; zerrschlissene Jeans zeigen Sympathie für die „Außerparlamentarische Opposition" und Smoking die Vorliebe für die Hochkultur usw. usf. „Märtyrer-Wärter" sind traditionsgebundene, konservative Menschen, die vom Kleidungswechsel abraten, da sie Angst haben, damit auch die Identität abzustreifen. Andreas-Hofer-Maniker sehen in der Tiroler Tracht ein ewiges Bekenntnis zur „vereinigten Heimat". Zu dieser Beharrungsfunktion passen hervorragend die Sonntagsreden der „Märtyrer"-Funktionäre wie die auf Wählerstimmenfang orientierten Berufspolitiker.

„Märtyrer-Wärter" stellen, genauso wie die anderen Menschenbeeinflusser, einen möglichst übersichtlichen Wegweiser den Sinn- und Identitätssuchenden zur Verfügung. Es ist allerdings nicht ungefährlich, diesen Wegweisern zu folgen. Mit rückwärtsgerichtetem Blick kann man nicht nach vorne gehen, mit der „Niemals-vergessen!"-Philosophie kommt man niemals und nirgendwo an; Sklaven der Vergangenheit können die Freiheit der Zukunft nicht genießen. Deshalb ist der Einfluß der „Märtyrer-Wärter" so schädlich. Verständlicherweise sollte niemand das Gestern vergessen. Das Vergangene ist jedoch tot, die schmerzenden Erinnerungen (unvollendete Trauerarbeit) sind wie riesige Bleikugeln, wie Knebeln an den Füßen. Aus der Vergangenheit sollte man lernen, vor allem Hellhörigkeit. Genauso jedoch wie die gesunde Angst in neurotische Phobien ausarten kann, entsteht aus der Hellhörigkeit bald Mißtrauen. Genau das ist das Ziel der „Märtyrer-Wärter", die den Satz, „Vertrauen ist gut, Kontrolle ist besser!" in „Kontrolle ist gut, Mißtrauen ist besser!" gallenbitter umwandeln.

Neben der materiellen Bedürfnis-Befriedigung (Abraham Maslow) gibt es auch geistige und soziale Wunscherfüllungen. Dazu gehört die Sehnsucht nach einer möglichst festen und stabilen Identität. Die Gewißheit des „Dazugehörig-Seins" beruhigt, gibt Kraft („Tankstellen"-Funktion), läßt einen wenig stolpern. Allerdings: Aus dem Gehen wird Tritt und Schritt und daraus entsteht das Marschieren; aus den leichten Sandalen und Sommerschuhen des Flaneurs werden Lauf- und Jogging-Schuhe und dann kommt schon der Stiefel. Feste, massive, gefestigte Identitäten neigen zu Explosion, zum imperialistischen Krieg. Aus kosmopolitischen, identitätslosen Weltbürgern kann man keine schlagkräftige Armee schmieden. Ohne Identität gibt es keinen Kampf, weil wir keinen Feind kennen, der unsere Identität (Territorium) bedroht. So bleibt man friedlich im Kaffeehaus sitzen und diskutiert über die Bedeutung der Identität in der postmodernen Gesellschaft, die leider immer wieder auch zur prämordenden wird; aber nur dann, wenn es sich um die festen Identitäten der Serben, Kroaten, Russen, Tschetschenen und der anderen handelt. Meine Identität ist - im Gegensatz zu der meines Nachbarns - immer friedliebend.

Doppelt so stark wie Angehörige einer Mehrheit leiden Minderheiten-Mitglieder unter der Last des Identitätsverlusts; sie müssen nicht nur mit den oben skizzierten, „ichstörenden" Aufgabenspiralen fertig werden, sie suchen zusätzlich noch ihren Platz außerhalb oder zumindest am Rande großer Gemeinschaften.

Die Identitätskrise der „Märtyrer-Wärter" ist unterschiedlich, sie kulminiert oft in einem nur schwer erfüllbaren Rechtfertigungsbedarf „modernster" Prägung. In unserer Zeit der aufgezwungenen „Befreiungs"-Tendenzen (von der Theologie bis zur Sexualität) fallen immer mehr Menschen in die erbarmungslose Fallgrube der eigenen Zwänge. Unsere Zeit ist aber auch eine Epoche der neurotisch deformierten, psychotisch entstellten „Emanzipationsbewegungen".

Auf der großen Suche nach den kleinen Identitäten entstehen schizoide (Fehl-)Kombinationen: Einerseits wollen sich alle Menschen „emanzipieren" („Wir Frauen!", „Wir Jugendlichen!", „Wir Arbeitslosen!", „Wir-Behinderten!", „Wir Radfahrer!" ...), andererseits steht man unverständlich vor dem Bedürfnis nach einem „nationalen Selbstbewußtsein", das alsbald zum „Faschismus" abgestempelt wird.

Moralisch hoch oben auf der tosenden Emanzipationswelle rudern die Minderheiten und ihre kompromißlosen Verteidiger, die vom Staat eine laufende Förderung ihrer temporären gesellschaftlichen Atomisierung verlangen. Diese, an den Staat gerichteten Wünsche, sind gutteils unrealistisch, budgetmäßig, aber auch gesellschaftspolitisch unerfüllbar. Jetzt erst, nach der real(sozial)politisch gescheiterten Minderheiten„verhätschelung" tritt der eigentliche Rechtfertigungsbedarf der „Märtyrer-Wärter" in Erscheinung und Aktion.

Den psychologisch eher komplizierten Mechanismus des zur Erfüllung drängenden Rechtfertigungsbedarfs beschreibt die deutsche Soziologin und Habermas-Schülerin Gertrud Nunner-Winkler (in: „Psychologie heute" 12/88) einprägsam: „Eine vorgegebene Lebenssituation wird hingenommen, solange sie nicht unerträglich ist, eine frei gewählte hingegen muß sich im Horizonte alternativer Möglichkeiten als ‚bestmögliche' ausweisen."

Die „Märtyrer-Wärter", da sie ihre eigenen Komplexe nicht kennen, sind davon überzeugt, daß sie ihre „Lebenssituation" - diesmal als grundlegende (Lebens-)Einstellung gegenüber „Benachteiligten" verstanden - frei wählen können; daher sind sie überzeugt, daß unter allen „alternativen Möglichkeiten" in der Behandlung der Minderheiten ihre die bestmögliche ist. Alle anderen Lösungsvorschläge, z. B. die Assimilation, lehnen sie vehement ab. Ihr vorgeschobener Ablehnungsgrund („Assimilation ist Diktat der Mehrheit!") ist erlogen. Ihr wirklicher (Kampfes-)Grund liegt in der Kompensation ihrer Komplexe.

„Märtyrer-Wärter“ treffen häufig Fehlentscheidungen, weil die „Art der verwendeten Gründe“ (Gertraud Nunner-Winkler) gewollt oder ungewollt übersehen wird. Die beiden Grundverursacher ihrer Fehlentscheidungen liegen im Irrtum und in der Selbsttäuschung. Die „Märtyrer-Wärter“ unterliegen ihrer Selbsttäuschung, die „aus der Tatsache resultiert, daß das Individuum von den zu einem gegebenen Zeitpunkt an sich zugänglichen Informationen einen verzerrten Gebrauch macht.“ (Nunner-Winkler)

Der Hauptgrund der zahlreichen Fehlentscheidungen der „Märtyrer-Wärter“ wurzelt in der hier zitierten subjektiven Desinformation. Der Informationsgehalt aller Wahrnehmungen wird stark gefiltert und subjektiv gefärbt; sie müssen in das vorfabrizierte Weltbild, das nur selten ein objektiver Weitblick ist, passen. So registrieren die „Märtyrer-Wärter“ - wie auch alle anderen Menschen - Wahrnehmungen, die argumentativ nur ihre subjektive Einstellung stärken. So werden z. B. Informationen, die auf die Tendenz der Assimilationseinschränkung seitens der Roma- und Sinti-Sippen hinzielen, genauso unterdrückt, wie das Wissen über notwendige Strafmaßnahmen für drogensüchtige Jugendliche. Die vielen Filter und die unterschiedlichsten Abwehrmaßnahmen lassen bei der Minderheitenbevorzugung keine Argumente der Mehrheit gelten.

Die eigentliche Tragik der „Märtyrer-Wärter“ liegt in ihrer sinnentstellten Funktion der „Trümmer-Bewacher“. Ein stofflich-gegenständlich faßbares Beispiel soll diese Vorgangsweise charakterisieren: Für eine Filmkulisse wird Noahs Arche nachgebaut. Jeder Zuseher erkennt sie als Arche Noah, obwohl man weiß, daß es sich dabei um eine Nachbildung handelt. Würden Archäologen hingegen - nachweislich - alle Einzelteile der echten Arche am Ararat, oder wo auch immer, finden und diese, nicht zusammengestellt in einem Museumskeller stappeln, so würde wohl niemand, trotz Wissens über die Echtheit aller Bestandteile, darin eine Arche erblicken. Die Antwort auf dieses Gleichnis kennen wir: Das Ganze ist immer mehr als die Summe seiner (Bestand-)Teile!

Bewacher der Trümmer

Wirkliche Förderer der Minderheiten schützen (auch) das „Nachgebaute", indem sie die Wichtigkeit kultureller Einflüsse betonen und die Minderheiten weder in Reservate noch unter einem Glassturz „aufbewahren" wollen. „Märtyrer-Wärter" hingegen interessiert nur die „Echtheit", die „Unversehrtheit", sie bewachen die „Trümmer", die zwar „echt" sind, aber keine Funktion mehr haben.

Minderheiten sollten die Kultur der Mehrheit bereichern und auch von der Majorität neue kulturelle Elemente empfangen. Genauso wie der Kulturaustausch zweier Nationen keine Einbahnstraße ist, darf sich auch die Minderheit nicht hinter dicken Ghetto-Mauern verstecken, sondern sich aufnahmebereit, durchlässig zeigen; und das auch auf die Gefahr eines Aufgehens in der Mehrheitskultur. Genau diesen erfolgreichen Weg haben die Ungarn in Wien und, gutteils, auch im Burgenland gewählt.

Die Identität liegt nicht in der Ursprünglichkeit, in der „Reinheit" althergebrachter Nationalismen - wie das der Faschismus prägt und predigt -, sondern im „Strukturprinzip, nach dem Teile zueinander geordnet sind". (Nunner-Winkler) Ob dabei die zueinanderpassenden Einzelteile („Funktionen") neu oder alt, ursprünglich oder nachgebaut sind, spielt keine Rolle. Eine auch aus Kunststoffelementen bestehende Arche ähnelt Noas Schiff mehr als die ursprünglichen Holzteile, die in einem Lagerraum fein-säuberlich übereinander geschichtet liegen.

Genauso wie sich viele Menschen (auch politisch) ändern und sich von jugendlichen „Revolutionärchen" zu erwachsenen Etablierten entwickeln, sollten sich auch Minderheiten vor Wandlungs-Einflüssen nicht verschließen. Ihre Identität bleibt auch in der Wandlung, wie bei den Einzelmenschen, die sich als Erwachsene in der bürgerlichen Welt etablieren, bestehen. Menschen, die sich - aus welchen Gründen auch immer - nicht entwicklen können, sich vor dem notwendigen Reifungsprozeß verschließen und ein starkes Beharrungs- und Erstarrungsvermögen entwickeln, neigen zu Projezierung der eigenen Probleme. Da sie sich selbst nicht ändern, nicht anpassen können, suchen sie nicht nur Verbündete - Gleichgesinnte -, sondern vor allem ein „Objekt" ihrer Begierde: Sie werden zu permanenten „Beschützern" der „Schwachen" und „Ausgegliederten". Mit leichenblasser Miene und ständig zum „Schutz" bereit, laufen diese „Märtyrer-Wärter" entlang der Sozialgeschichte auf der Suche nach „Schutzbedürftigen". Sie stehen auch vor der musealen Lagerhalle Wache, wo die vermorschten Holzplanken der Arche Noah aufgestappelt und völlig sinnlos herumliegen.

Die Bewunderer und Betoner - letztere haben nur die Sturheit und Unflexibilität mit dem gleichnamigen Baumaterial gemeinsam - des „Ethnischen" begegnen ihren Extremvarianten vom rechten (Rassismus) und vom linken (Multikultur) politischen Rand. Der Konkurrenzkampf beider ideologischer Übertreibungen (Rassismus bzw. Internationalismus) ist - leider - unausgewogen: Während die Rechten viele Grundeigenschaften der Menschen (Angst, Aggression) erfolgreich mobilisieren, agieren die Linken mit ihren Schlagwörtern („Solidarität", „Klassenkampf") im biologischen Leerraum, wo man auf keine menschlichen Motive und Miesitäten stößt. Mit dem Niedergang des (europäischen) Kommunismus gibt es nur mehr vereinzelte, alleingelassene Linksterroristen, während die rechten Recken - auch nach dem verlorenen Zweiten Weltkrieg -

mit einer gehörigen Unterstützung ihrer Sympathisanten rechnen können.

So gesehen befinden sich die „Märtyrer-Wärter", was ihre zahlenmäßigen Unterstützer anbelangt, auf verlorenem Boden. Auch die starke mediale Hilfe wirkt à la longe kontraproduktiv und stärkt nur die rechte Szene.

Die ethnizentrischen „Märtyrer-Wärter" unterliegen mit ihren Forderungen nach Minderheitenförderungen der Fata Morgana einer in der gesellschaftspolitischen Wirklichkeit undurchführbaren „multikulturellen Gesellschaft". So leiden die meisten „Märtyrer-Wärter" unter dem - wie wir es nennen - *„Babel-Syndrom"*.

Die Geschichte Babels kennen wir. Wenn nicht, dann darf hier kurz wiederholt werden: Erzvater Noah hatte, trotz Dauerregen, drei Söhne: Sem, Cham und Japhat, die sich - an eine neuerliche Sintflut dachte bereits niemand mehr - fleißig vermehrten. So ging es weiter, bis die Erde, zumindest ihr biblischer Teil, wieder gut bevölkert war. Die soziologische Auswirkung der Sintflut - alle Menschen verwendeten nur eine Sprache - hielt allerdings immer noch an. Von einer Bevölkerungsexplosion konnte damals noch keine Rede sein, und so hatten die Menschen noch Zeit und Muße, neue Technologien zu entwickeln. Sie wohnten bald nicht mehr in Höhlen und Zelten, sondern bauten mit Hilfe von Erz, Steinen und Erde Häuser und Straßen. Die ersten Städte entstanden.

Seit Ururvater Adam plagt viele Menschen Neugier und Entdeckungslust. So auch die zwar noch unmittelbaren, doch zahlreichen Nachkommen Noahs. Sie gaben sich mit dem Bau von Städten und Brücken nicht mehr zufrieden; sie wollten unbedingt etwas Neues, etwas Sensationelles bauen. Deshalb strebten sie, zu ihrem Unglück, nicht das „Buch der Bücher", sondern das Buch der Rekorde an und beschlossen, einen Turm, der bis zu den Sternen reichen sollte, zu errichten. Bald fanden sie den geeigneten

Bauplatz und unter Führung Fachkundiger machten sie sich an die Arbeit.

Nichts verbreitet sich unter den Menschen so schnell wie die Kunde eines gigantischen Vorhabens. Obwohl die Arbeitslosigkeit zu dieser Zeit noch eher unbedeutend war, strömten immer mehr Menschen zum Bauplatz und wollten sich am wohl lukrativsten Großbauvorhaben der Zeit beteiligen.

Bald merkten die Bauleute, daß der Turm wohl nie die Sterne erreichen wird. Jetzt kam, nach der angeborenen Neugier, die wohl zweite Grundeigenschaft der Menschen zum Vorschein: die Verantwortungsabschiebung. Da die Sintflut noch nicht allzu lange vorbei war, gab es zwar genügend Menschen, aber noch keine Minderheiten, denen man die Schuld am Scheitern hätte zuschieben können. So blieb nur der neidvolle Konkurrenzkamp der einzelnen Bauleiter übrig, die sich alsbald gegenseitig beschuldigten, unnütze Pläne entworfen zu haben.

Gott der Gerechte aber strafte die sündigen Bauleiter und Beuleute, die plötzlich ihre gemeinsame Sprache verloren. Der Streit der Architekten - keine Kammer, Zunft, Innung oder sonstige Fachvereinigung hielt sie damals noch zusammen und „bei der Stange" - veschärfte sich dermaßen, daß man den gemeinsamen Turmbau einstellen mußte. Die Arbeiter zerstreuten sich in alle Himmelsrichtungen auf der Suche nach neuen Arbeitsplätzen.

Der unvollendete Turm, dieses sichtbare Zeichen menschlicher Unzulänglichkeit, blieb - symbolisch - für alle Zeiten bestehen. Die zerfallene Stadt um den verfallenen Turm nannten die Hebräer - die damals noch keine internationalen Sündenböcke waren - „Babel", auf Alt-Hebräisch: „Verwirrung".

Menschen unterschiedlicher Kulturen, die mit- und nicht gegeneinander leben sollen, benötigen vor allem ein großes, gemeinsames Ziel, das sie zusammenhält. Fällt diese Gemeinsamkeit weg, pflegt jeder Mensch nur mehr seine eigene Kultur, Sprache und Religion und versucht - konsequenterweise - die anderen von der eigenen, einzig seligmachenden „Wahrheit" zu überzeugen; auch mit (Waffen-)Gewalt. So kann man nicht mehr gemeinschaftlich am „Turm" bauen.

Das Scheitern des Turmbaues in Babel war vorauszusehen, da man „gemeinschaftliche Gemeinsamkeiten" so vieler Menschen auf lange Zeit nicht realisieren kann. Genauso ist auch die „multikulturelle Gesellschaft" zum Scheitern verurteilt, da ihre idealistischen, wirklichkeitsfremden Verfechter unter dem „Babel-Syndrom" leiden. Wie die „natürliche Bevölkerungsbewegung" der Statistiker (Geburten und Sterbefälle) verfolgen nichtlinke Kultursoziologen, die treu zu ihrem Fach der wertgeminderten Analysen stehen und nicht im luftleeren Raum „progressiver" Nichtigkeiten verharren, die permanente Entwicklung eines bestimmten Kulturgebietes. Jedes Kulturgebiet ist einem permanenten Fremdeinfluß durch Zuwanderungen unterworfen. Erweisen sich die neuen Kulturelemente als absorptionsfähig, indem sie sich unter einem großen gemeinsamen Nenner subsumieren lassen - wie das z. B. in der k. u. k.-Monarchie nach dem Ausgleich mit Ungarn (1867) der Fall war -, so dient die be- und angereicherte Gesamtkultur allen Beteiligten.

In Babel, in der Stadt der „Verwirrung", ging man einen anderen Weg: den multikulturellen. Die folgerichtige Katastrophe kennen wir. Deshalb ist die Überbetonung des „Ethnischen", das Beharren auf der eigenen Kultur und schließlich die unnatürliche Förderungen von Minderheiten, deren Aktivitäten über die sonntäglichen Folklore-Frühschoppen hinausgehen, gefährlich und menschenfeindlich. Die auf diese Weise vollbrachte kulturelle Atomisierung führt unweigerlich in eine Zersplitterung sozialen Handelns. Aber das interessiert die „Heuchler im Humanismusgewand", diese multikulturellen Fanatiker und „Märtyrer-Wärter", überhaupt nicht.

Streng genommen verlaufen die vergangenheitsfixierten politischen Bahnen der „Märtyrer-Wärter" unabhängig von den ideologischen Hauptsträngen unserer politischen Weltsicht. Jahrzehnte-, wenn nicht jahrhundertelang gehörten die „Märtyrer-Wärter" dem rechten politischen Lager an. Bis zum Ende des Zweiten Weltkrieges beherrschten - in Europa - die *„Heroenphilotiker"* die „Märtyrer-Wärter"-Szene; „Siegfried", der saubere Kämpfer, „Parsifal", der reine Tor, symbolisierten die polit-hygienische Sauberkeit nicht nur der Wagnerianischen „Heroenphilotiker". Kulminiert die Heldenverehrung in der faschistischen Unduldsamkeit, so gelingt es geschickten Polit-Agitatoren am rechten Flügel der ohnedies rechten politischen Systeme dieser europäischen Zeit, die „Helden" einer mythischen Vergangenheit vor ihren Tyrannen-Karren zu spannen. Neben den (nazi-)germanischen Helden, aus dem romantischen 19. Jahrhundert in die braune Barbarei des 20. Jahrhunderts hinübergerettet, gab es fast kein europäisches Land, das nicht von seinen „Heroenphilotikern" beherrscht und in sinnlose Kriege getrieben geworden wäre. Die (territorial) auf ein Drittel geschrumpften Ungarn der Zwischenkriegszeit träumten unter ihrem marinelosen Admiral Miklos (Nikolaus) Horthy von Großungarn, zuungunsten der Rumänen, Kroaten und (Tschecho-)Slowaken. Für Mussolinis „Römisches Reich" wurde nur Äthiopien geopfert, aber auch die Franzosen wiegten sich im napoleonischen „Grand Nation"-Traum usw. usf. In allen diesen Ländern lieferten die „Heroenphilotiker" den notwendigen Stoff, aus dem die faschistischen Träume in fiebrigen Köpfen und unregelmäßig schlagenden Herzen vibrierten.

Wagner-light in Bayreuth

Das Ende des Zweiten Weltkrieges und des imperialistisch-adeligen (Mussolini) und -proletarischen (Hitler) Faschismus schien die „Heroenphilotiker" arbeitslos zu machen. Man mied ängstlich die „alten Töne" und auch in Bayreuth spielte man nur Wagner-light. Kam damit das Ende der politischen „Märtyrer-Wärter"? Mitnichten! Aber auch die Neffen der einstigen rechten, faschistischen Heldenverehrer wurden vom europäischen Kommunismus in den Untergrund gedrängt. Dort verharrten die „Heroenphilotiker" still und warteten auf ihre neuen Chancen. Das Endes des Kommunismus signalisierte den Neuanfang der rechten „Heroenphilotiker". Kaum hörten die Proletarier aller Länder auf, sich in Prag, Warschau, Moskau, Budapest und - ein bißchen - auch in Belgrad zu vereinigen, meldeten sich die alten Gespenster der faschistischen Heldenverehrung wieder. Die Budapester Anbeter eines trianonlosen „Groß-Ungarns" versichern zwar täglich, daß sie an keine gewaltsame Grenzänderung denken, aber die „1,5 Millionen Ungarn" können sie in Erdely (Siebenbürgen) genauso wenig der „rumänischen Diktatur" ausliefern, wie die 600.000 „Landsleute" den Preßburger Minderheitenunterdrückern; noch dazu war Preßburg (Pozsony) lange Jahre die ungarische Königsstadt.

In Preßburg, Budapest und Bukarest, um nur einige Beispiele zu nennen, scharren die „Heroenphilotiker", diese gefährlichsten „Märtyrer-Wärter" aller Vergangenheitsfixierten, noch in ihren politischen Löchern. In Zagreb (Tudjman) und in Belgrad (Milosevic) handeln sie bereits und gehen ihrem blutigen Handwerk munter nach. Kein Wunder, daß diese beiden „Heroenphilotiker" unentwegt von der mächtigen Geschichte Groß-Kroatiens und Groß-Serbiens orakeln. Die hungernden, frierenden und in jeder Hinsicht verunsicherten Menschen hören diesen heroenphilotischen Propheten genauso atemlos zu, wie man einst Horthy, Mussolini, Hitler und Franco anbetete. Satte, wohlhabende Menschen haben Angst um ihr Hab und Gut; arme, geschundene, hungrige Menschen wollen „kämpfen“, töten, Sündenböcke schlachten. Wo es keine Juden und Zigeuner im nennenswerten Ausmaß gibt, dort entdeckt man die „Bedrohung“ durch den „alten Feind“, der immer schon ein „böser“ und nie ein „guter“ Nachbar war. - Das ist das Werk der „Heroenphilotiker“.

Die falschen, weil menschentötenden Erinnerungen an die echten Märtyrer sind leider kein Monopol einer irrwitzigen pseudoromantischen Vergangenheit, sondern auch ein fixer Bestandteil wirtschaftlich unterentwickelter Gebiete. So zeigen diese Urungeister ihre häßliche Fratze entlang der polnisch-ukrainischen Grenze unserer Tage. Faschistische und rechtsextreme Parteien verschmieren die Häuser der hier lebenden ukrainischen Minderheit nicht nur mit der phantasielosen Vertreibungsaufforderung („Polen für Polen!“), sondern auch mit der Mord-Aufforderung: „Die ukrainischen Verbrecher vergessen wir nicht ...!“

In Przemysl, dessen Ottokar einst zumindest literarische Weltberühmtheit erlangte, wurde jetzt eine Gedenktafel für die „Opfer des ukrainischen Verbrechens“ enthüllt. Es waren polnische Bauern, die 1943 von den Partisanen der „Ukrainischen Aufstandsarmee“ (UPA) verschleppt und ermordet wurden. Diese „ethnische Aktion“ - nichts Unbekanntes zwischen Kroaten und Serben - hätte eine Angliederung dieses polnischen Gebietes an die Nachkriegs-Ukraine bewirken sollen. Bewirkt haben diese verabscheuungswürdigen Morde nur den ewigen Grenzlandhaß der Polen gegen die Ukrainer. Naturgemäß wollen die Polen wiederum nichts davon wissen, daß zwei Jahre später ihre Partisanen, westlich des San, ukrainische Dörfer dem Erdboden gleichgemacht und ihre Einwohner ermordet haben. Diese Märtyrer werden wiederum in den ukrainischen Grenzdörfern als „ewige Mahnung“ und „unsterbliche Erinnerung“ wachgehalten.

Die Geschichte ist etwas verwirrend, da sowohl die polnischen als auch die ukrainischen „Partisanen“ nicht gegen die Deutschen, sondern gegen die Sowjets gekämpft haben. Darüber schweigen sich die polnischen Rechtsextremen, die alle wichtigen politischen Positionen in den grenznahen Kommunen innehaben, naturgemäß aus. Polnische Faschisten sprechen von 500.000 Opfern und warnen als rechtsextreme „Märtyrer-Wärter“ und „Heroenphilotiker“ vor den Ukrainern: „Die Täter dieses gewaltigen Golgata bauen heute auf unserer Przemyslaner Erde Denkmäler. Der ukrainische Terror geht weiter.“ (zitiert aus: „Die Presse“, 14. August 1995)

Der „ukrainische Terror“ sieht eher harmlos aus: Auf ukrainischen Friedhöfen in Ostpolen wurden einige Denkmäler für die Ukrainische Aufstandsarmee errichtet. Prompt wurden diese Denkmäler von polnischen „Nationalisten“ beschmiert. Auch die sichtbare Erinnerung an unkrainische Zivilisten, die von polnischen Räuberbanden bestialisch ermordet wurden, wird in der Nähe Przemysls nicht gestattet; es wären drei Holzkreuze gewesen. Dazu der polnische Bürgermeister: „Die Leute haben Angst, daß hier ein weiteres UPA-Denkmal entsteht. Die Ukrainer wollen hier provozieren ... wozu schlafende Hunde wekken?!“

Die „schlafenden Hunde“ der „Heroenphilotiker“, in diesem Fall faschistoider „Märtyrer-Wärter“, sind längst wach; auf beiden Seiten dieser verarmten, nur mehr hassenden Grenzregion.

Die generellen, wie die spezifischen Frustrationen der „Märtyrer-Wärter“ sind plakativ. Sie sind davon überzeugt, daß der Kampf gegen Antisemitismus und Fremdenfeindlichkeit bestenfalls halbherzig geführt, dafür umso weniger für die Integration der Roma und Sinti und für die

Rehabilitation Drogenabhängiger getan wird. Die Enttäuschung (Frustration) über diese „politische Minderleistung" einzelner und der zuständigen Stellen ruft in den Märtyrer-Wärtern nach Frustrationsreaktionen. Die häufigste, weil „bequemste" Art des Ärgerloswerdens ist die *Aggression*.

Um die komplizierte psychische Ausgangssituation der „Märtyrer-Wärter" zu verstehen, wollen wir uns hier - in aller Kürze - mit dem Phänomen der Aggression beschäftigen.

Wie alles auf der Welt, vermehrt sich auch die Aggression durch Artverwandtschaft; in diesem Fall mittels Aggression. Die Höllenmaschinerie und der Teufelskreis der Aggression verstärken sich gegen- und wechselseitig und so ruft Terror immer Gegenterror auf den Plan. Dabei machen sich offensichtlich Parallelstrukturen der doppelseitigen und -bödigen Rechtfertigungsmechanismen sichtbar: Aggressive Rechtfertigungsmechanismen lösen „gerechtfertigte" Aggressionsmechanismen aus. Die Rechtfertigung ist ausschließlich subjektiv begründet und setzt - um die eigene Aggression zu rechtfertigen - eine auslösende Aggression voraus. Diese „Ich-habe-nur-reagiert!"-Mentalität entläßt den Aggressor aus seiner moralischen Verantwortung.

Die schlimmsten Kämpfe sind immer die Kultkämpfe, die brutalste Aggression ist immer die politische, rassische, religiöse. So gesehen sind der Wirtschaftswohlstand (im Westen) und die politische Homogenität (im Osten) die einzigen Garantien gegen Kollektivaggression. (Daß beide stark abbröckeln, muß hier nicht separat erwähnt werden).

Analog der Lüge unterscheiden wir auch in der Aggressionsforschung zwischen:

- Selbstaggression: pathologisch-subtile Selbstvernichtung
- Fremdaggression: gegenüber bestimmten Personen

- Kollektivaggression: der „heilige (Vernichtungs-)Krieg" gegen eine bestimmte Gruppe. Nirgends ist das erlogene Feind- und Bedrohungsbild schärfer, weil stark vereinfacht und plastisch gezeichnet, als hier.

Einige Pauschalsätze und Vorurteile genügen, um Haß und Aggression gegen Außenseiter, Minderheiten im eigenen Land und gegen einen „übermächtigen Feind" im Ausland zu mobilisieren. Die alles anderen als harmlosen Stammeskämpfe in Afrika sollen hier stellvertretend für alle anderen Ausbrüche der Kollektivaggression stehen.

Die Aggression der „Märtyrer-Wärter" ist, als Produkt ihrer Schuld- und Minderwertigkeitskomplexe, primär eine Selbstaggression, sie richtet sich gegen die eigene Person. Da die meisten nebenberuflichen Minderheiten-Märtyrer- und -Wärter, die im Gegensatz zu den „hauptberuflichen" Schützern aller Minderheiten (das sind die „linken" Künstler, die ihren Protest meist lukrativ vermarkten) im relativen Wohlstand leben, bedrückt sie auch ihr „Reichtum" gegenüber den armen Ausländern und Asylanten.

So manche „Märtyrer-Wärter" begnügen sich nicht mit ihrer permanenten historischen Totenwache als moralisches Druckmittel Generationen gegenüber, die selber wenig mit der Kriegsvergangenheit oder überhaupt nichts mehr mit den „ewigen Erinnerungen" zu tun haben. Diese personifizierten Gedächtnis-Fanatiker sind daher auf der ständigen Suche nach neuen Betätigungsfeldern. Die Feinschmecker unter ihnen sind entzückt, wenn sie endlich auf besondere Betreuungsfälle, auf sogenannte „bedrohte Völker", stoßen. Gelingt es ihnen, irgendwo auf der Welt solche aufzustöbern, so rufen diese Minderheitenretter zum großen Rettungskampf mit internationaler Medienunterstützung auf.

Bevor noch die US-Ölwächter gegen den Irak losschlugen und ihren fernsehgerechten Wüsten-Krieg führten, ließ der Begriff „Golf-Krieg" nicht nur nahöstliche geopolitische, sondern auch fernwestliche sportliche Assoziationen zu.

Im Sommer 1990 beschloß der Gemeinderat des kanadischen Dorfes Oka - 30 km westlich von Montreal -, seinen Golfplatz um einige Löcher zu vergrößern. Dazu war es notwendig, drei Indianerfamilien aus dem Stamm der Mohawk kostendeckend zu enteignen. Da Indianer nur selten Golf spielen, riefen die drei Mohawk-Familien ihre Stammesbrüder und -schwestern zu Hilfe. Die angereisten Indianer blockierten erfolgreich die wichtigen Zufahrtsstraßen nach Montreal. Bereits am nächsten Tag waren unzählige Presseleute und TV-Journalisten, darunter zahlreiche „Märtyrer-Wärter", zur Stelle und berichteten der ganzen Welt, wie eine Handvoll indianischer Helden den anrükkenden und recht hilflos wirkenden 3.000 kanadischen Soldaten und Polizisten Widerstand leistete. 78 Tage dauerte schließlich dieser öl-lose, kanadische „Golf-Krieg". Im Schußwechsel starb im Dorf Oka, zum Leidwesen der „Märtyrer-Wärter", nicht der letzte Mohawkianer, sondern ein kanadischer Polizist. Der Golfplatz wurde nicht vergrößert und die staunende „Karl-May"-Welt feierte den großen Sieg der braven Indianer.

Wie schon erwähnt, traten sofort zu Beginn dieses „Golf-Krieges" die „Märtyrer-Wärter", diesmal als *Minderheiten-Maniker* in Aktion, um das „Weltgewissen" über das „entsetzliche Schicksal" dieser letzten kanadischen Indianer wachzurütteln.

So interessant die TV-Übertragungen der golf-unlustigen Indianerprotestler auch waren, so schnell verlor die Weltöffentlichkeit das Interesse an der Mohawk-Minderheit. Es stellte sich nämlich heraus, daß diese Indianer bedeutend besser leben als ihre weißen Landesgenossen. Die Mohawk bevölkern eine sehr wohlhabende Region zwischen Kanada (Ontario, Quebec) und den USA (Bundesstaat New York). Da sie die Zoll- und Landesgrenzen zwischen Kanada und den USA nicht anerkennen - sie berufen sich dabei auf jahrhunderte alte „Rechte" -, profitieren sie hervorragend vom zoll- und steuerfreien Handel. Zigaretten kosten in den USA nur halb soviel wie in Kanada, daher versorgen diese „Politschmuggler" weite Teile Kanadas mit sehr „preisgünstigen" Tabakwaren und streichen dabei satte Gewinne ein. Dazu liefert Paul Charest, Professor für Ethnologie an der Universität Quebec, eine einleuchtende Begründung: „Noch nie ist ein von Weißen und Ureinwohnern unterzeichneter Vertrag von den Weißen eingehalten worden. Für einige Mohawk stellt die Grenze zwischen den Vereinigten Staaten und Kanadas also eine reine Angelegenheit der Weißen dar; sie betreiben ihren Handel und kümmern sich nicht weiter darum." (Zitiert aus: „Le Monde Diplomatique - die Tageszeitung/ WoZ", Zürich-Genf, Juli 1995-7)

Neben 7,2 Millionen Franko-Kanadiern leben hier kaum 50.000 „Indigenen" - wie sie offiziell heißen. Sie sind keine, wie kanadische „Märtyrer-Wärter" es darzustellen versuchen, „schikanierte Minderheit", sie „bilden vielmehr einen Landadel, der in den Genuß von vielen Sonderrechten, insbesondere Steuerbegünstigungen, kommt". (Francoise Dallaire: „Mon sauvage au Canada", Paris 1995)

Die fortschreitende Technisierung, die Elektrizitätswirtschaft, die Papierindustrie und vieles mehr verändern die Umwelt und bereichern die Natur sicherlich nicht. Darunter leiden vor allem die in den Wäldern lebenden Reservate-Indianer, die sich - neben Fremdenverkehr und Zigarettenschmuggel - durch Fischen und Jagen ernähren. Ihr Lebensraum wird immer enger. Die sie beweinenden Minderheiten-Maniker operieren daher mit den romantischen Vorstellungen der Jäger und Sammler und fahren ungeniert mit ihren luftverpestenden Autos von einem Reservatdorf zum anderen.

Man kann und sollte auch die technischen Auswüchse des Fortschrittes bremsen, aber man kann nicht gleichzeitig die dazu parallel entstandenen Errungenschaften des sozialen Fortschritts im Erziehungs- und Gesundheitswesen isoliert abschöpfen. Erst dank des Gesamtforschrittes stieg auch die Lebenserwartung der Indianer, die nicht nur aus ihren besonderen Steuer- und Zollvergünstigungen profitieren.

Dementsprechend schnell versickerte das Weltinteresse am „furchtbaren Schicksal" der kanadischen Indianer. Die Minderheiten-Maniker mußten sich bald auf die Suche nach neuen „Opfern" des „bösen Kapitalismus" machen.

„Schreibtisch-Täter" und „Schreibtisch-Gönner"

Minderheiten-Wärter können in ihrem Kampf für die Toleranz auch aggressiv-intolerante Töne anschlagen. Sie sind als „Schreibtisch-Gönner" - im Gegensatz zu den „Schreibtisch-Tätern" à la Eichmann - „wild" entschlossen, für tote und lebende „Märtyrer" auf die Barrikaden zu steigen. Die „Kanonen" auf diesen Barrikaden sind meist verkehrt aufgestellt; sie gehen nach hinten los (Selbstaggression) und verstärken Frustrationen und Erbitterungen nur noch mehr.

Das psychologische Grundmuster wird immer komplizierter, da das bereits beschriebene Modell der verhängnisvollen Selbstaggression der „Märtyrer-Wärter" durch eine zweischneidige Fremdaggression noch mehr verstärkt wird: Die „Wärter-" und „Wächter"-Tätigkeit der neben- und hauptberuflichen Minderheitenschützer wirken kontraproduktiv; sie stoßt nicht nur bei den eigentlichen Zielpersonen (Ausländerfeinde), sondern auch bei der sogenannten „schweigenden Mehrheit" auf erbitterten Widerstand. Der Wiener Publizist Robert Schediwy warnt in einem Gastkommentar („Die Presse", 10. 6. 1995) die sogenannten „Antifaschisten": „Ihr erreicht doch genau das Gegenteil von dem, was Ihr wollt!" und gibt selbst die Antwort der von ihm Angesprochenen: „Man müsse eben ‚den latenten Faschismus herausbringen, um ihn zu bekämpfen.'" Diese „fatale Strategie" (Schediwy) ist nicht nur sinnlos, da sie gegen die menschliche Natur der Arterhaltung und der Territorialbehauptung hoffnungslos ankämpft, sondern auch schädlich für die Akteure, die, einem Sysyphus gleich, meist früher denn später, unterliegen müssen und sich bis dahin ihr eigenes Leben vergällen.

Der problematische Umgang der „Märtyrer-Wärter" mit der (eigenen) Aggression führt schlußendlich zu einer Umkehr der Täter-Opfer-Rolle und bereichert mit neuen Facetten die Verantwortung der eigenen (auch kriminellen) Handlungen. Nachdem der farbige Bürgermeister von Washington, Marion Berry, als Crack-Konsument auf frischer Tat ertappt wurde, verlor er zwar - vorerst - sein Amt, doch blieben die strafrechtlichen Konsequenzen äußerst gering. Barry gelang es, vor dem Gericht erfolgreich zu behaupten, „Opfer" einer „rassistisch gesinnten Intrigantin" geworden zu sein.

Der US-Frauen- und Farbigenbewegung gelingt es immer wieder, für die Taten einzelner Minderheiten-Mitglieder nicht die Betreffonen selbst, sondern die sie „unterdrückende" Mehrheit verantwortlich zu machen. Wie skurril und ungerecht diese Verantwortungs-Entledigung ist, zeigt der Prozeßsieg einer amerikanischen Kettenraucherin und Lungenkrebskranken, die vom Zigarettenhersteller eine halbe Million Dollar „Entschädigung" zugesprochen bekam.

So entsteht ein neues „Opfertum" als schlag- und erfolgskräftiger Begleiter der Emanzipationsbewegungen.

Menschliche Gesellschaften benötigen hierarchische Strukturen, die „Gleichheit" und „Gerechtigkeit" zu theoretischen Fremdwörtern degradieren. Auch Gewalt, Art- und Territorialerhaltung sind allen Lebewesen gemeinsam. Der jeweilige Umgang mit diesen Gegebenheiten ist immer nur eine Angelegenheit der betreffenden Kultur.

Ausgeübte Gewalt, wenn sie als solche bewertet wird, teilt die Menschen immer in „Täter“ und „Opfer“. In konservativen hierarchischen Strukturen war der „Täter“ immer der Schuldige; Revolutionäre, die gegen Staat, Kirche und Herrscherhaus kämpften, konnten in diesem ideologischen System nie mit Milde, geschweige denn mit Verständnis rechnen. Auch bei nicht-politischen Kriminellen (Dieben, Mördern) zog man nie deren desolate Privatverhältnisse als Entschuldigung heran. Schuld und Verantwortung sind in diesen strengen Hierarchien einseitig und unmißverständlich determiniert.

Nach dem Zerfall nahezu aller rigorosen Hierarchien - im Staat wie in der Familie - füllte die *„Emanzipation“* die gesellschaftliche Lücke auf. Einer der wichtigsten Bestandteile der Emanzipation ist die *Ich-Konzentrierung*, die Gewissheit, stets „Herr des eigenen Schicksals“ zu sein, alles unter Kontrolle, „im Griff“ zu haben.

Emanzipations-Ideologen sind Gleichheits-Fanatiker, die davon überzeugt sind, daß Ungleichheiten stets zu Ungerechtigkeiten führen. Die extremsten Vertreter dieses „linken“ Gedankengutes konnten ihre Ideologien - kaum zu glauben - am erfolgreichsten in den Vereinigten Staaten von Amerika verwirklichen. Hier entstand, aus den beiden Bestandteilen „Emanzipation“ und „Ich-Konzentrierung“, die sogenannte „Rechte-Industrie“: „Der hohe Stellenwert der Opfer-Rolle steht in einem engen Zusammenhang mit der ‚Rechte-Industrie‘, wie sie der Soziologe Amitai Etzioni von der Washingtoner Georgetown University beschrieben hat. Ob sie für die Rechte von Frauen, von ethnischen Minderheiten, mißhandelten Kindern, Obdachlosen, Versuchstieren, AIDS-Kranken oder illegalen Einwanderern kämpfen - stets beruht das Engagement der Aktivisten auf der Annahme, gewisse ‚Rechte‘ würden diesem oder jenem verweigert. Wem solches widerfährt, ist nach amerikanischer Sicht der Dinge ein ‚Opfer‘. Häufig geht der Kampf um die ‚Rechte' einer Gruppe mit moralischen Ansprüchen an andere einher." (Ofer Zur: „Was es bringt, ein Opfer zu sein", in: „Psychologie heute" 9/1994)

Diese US-emanzipatorische „Rechte-Industrie" sichert den „Opfern" einen besonders lukrativen Status zu; Kettenrauchende werden zu „Opfern der Zigarettenindustrie", farbige Kriminelle zu „Opfern rassistischer Vorurteile" emporstilisiert. In der ich-bezogenen emanzipatorischen Gesellschaft ist anscheinend niemand mehr für die eigenen (Un-)Taten verantwortlich. In dieser Welt der kraß verschobenen Verantwortlichkeiten fühlen sich „Märtyrer-Wärter" besonders wohl; göttlichen Richtern und richtenden Göttern gleich können sie die Schuld als Begründung der Strafe nach Belieben (um-)verteilen. Auch die Drogensucht als solche - in unserem Kapitel über die „Rand-Euphoriker" werden wir noch von diesem verzerrten Schutz der Süchtigen ausführlich berichten - wird von „Märtyrer-Wärtern" entschuldigt, indem man den Süchtigen nahelegt, für ihre Handlungen nicht sich, sondern andere, zumindest die Gesellschaft, verantwortlich zu machen.

Es ist also kein Wunder: Wenn immer mehr Betroffene und Benachteiligte - Minderheiten-Mitglieder, Süchtige, Kriminelle - das eigene Schicksal als das eines permanenten „Opfers" verstehen, werden sie selbst zum „Wärter" des eigenen „Märtyriums". Überzogene Beispiele dieser verzerrten Entverantwortung gibt es genügend: So stört es in den USA kaum jemanden, wenn sich Kinder von Alkoholikern mit denen der Holocaust-Opfer vergleichen.

Die psychologische Feinmotorik der „Märtyrer-Wärter" begnügt sich nicht mit dem Schutz der Opfer, sie treibt auch das eigene, „danebengegangene" Leben in eine therapielose Sackgasse: „Ich bin arbeitslos, weil ich nicht studieren konnte, weil meine Eltern Alkoholkranke waren ...!" Diese Kette neurotischer Selbstentschuldigung ist ein Produkt der „märtyrer-wärterischen" „Opfer"-Verschiebung.

Es ist schön, ein „Opfer“ zu sein. Gelingt es einem Täter für seine „kriminellen“ Handlungen andere verantwortlich zu zeichnen, so kann man ihn nicht mehr schuldig sprechen. Dieser Taktik frönen die „Rand-Euphoriker“ gegenüber Jungkriminellen und Drogensüchtigen. Daß die Betreffenden gerne in diese lukrative Opferrolle schlüpfen, ist psychologisch verständlich.

Die *„Märtyrerologie“*, die Ideologie der „Märtyrer-Wärter“, gehört zu den gefährlichsten Lügen demokratischer Gesellschaften; sie unterläuft jede herrschende Moral und stellt Freibriefe für kriminelle Handlungen aus. An Hand eines Täter-Opfer-Beispiels verriet der US-Psychologe und Ex-Offizier der israelischen Armee, Ofer Zur, unwillkürlich die Gefährlichkeit der „Märtyrerologie“: „Wer einen schlagenden Ehemann hinter Gitter bringt, unterbindet zwar die Mißhandlung und schenkt der Frau vielleicht Genugtuung, Gerechtigkeit zu erfahren und Vergeltung zu üben. Der Mann aber wird so nicht mit seiner Gewalttätigkeit umgehen lernen. Auch wird die Frau ihre unterschwellige Rolle in der gewaltsamen Beziehung kaum durchschauen.“ („Psychologie heute“ 9/1995)

Gefängnisstrafen entziehen der Freiheit, aber nicht den kriminellen Handlungen den Boden; in geschlossenen Anstalten, hinter Gittern und zusammengepfercht mit vielen anderen gibt es keine nennenswerte Resozialisation. Die eigentliche Therapie, z. B. der Umgang mit der eigenen Gewalttätigkeit, kann nur nach und außerhalb des Freiheitsentzuges erfolgen. Daher: zuerst die Strafe und dann die Therapie. „Märtyrer-Wärter“ schlagen hingegen den anderen, einen gänzlich unbrauchbaren Weg des „Heilens-statt-Strafens“ ein. Vor allem in der amerikanischen (Pseudo-)Rechtssprechung durch die Öffentlichkeit gibt es hiefür zahlreiche Beispiele; eines davon soll die Zwiespältigkeit des emanzipatorischen „Märtyrer-Wärtertums“ charakterisieren:

Lorena Bobbitt rächte sich entsetzlich an ihrem gewalttätigen Ehemann: Sie schnitt dem Schlafenden seinen Penis ab. Die US-Öffentlichkeit, von der „märtyrer-wärterischen“ Medienberichterstattung verunsichert, konnte zwischen Opfer und Täter bald nicht unterscheiden. Einige Frauenorganisationen sprachen von „Notwehr“, andere sogar von einer „heldenhaften Bestrafung des Unholds“. Emanzipatoren und „Märtyrer-Wärter“ begeilten sich an der moralischen Berechtigung des Selbstschutzes. Die reine Rechtssprechung urteilte anders und sprach die Frau mit dem Messer im Bett schuldig. Die Protestwellen schlugen quer über die USA.

Auch dieses Beispiel zeigt die gefährliche Unsinnigkeit der „Märtyrer-Wärter“, die im Falle der Lorena Bobbitt nicht einmal von „Notwehr-Übertretung“ sprechen wollten. Das heißt mit anderen Worten: Geschundene Schwache (Einzelpersonen, wie Minderheiten) haben das moralische Recht, auch kraß überzogen zu reagieren. Aus der Täterin wurde hier ein Opfer gemacht, aus dem Opfer ein Täter.

„Märtyrer-Wärter“ - nicht nur die amerikanischen - sind reine Behavioristen; sie leugnen die Bedeutung des Ererbten und verschieben das Schwergewicht auf die Seite der Umwelt, der Erziehung. Wie sehr sie sich irren, zeigt die differenzierte Verarbeitung gemeinsamer Schicksale. So gingen österreichische und deutsche Offiziere nach dem verlorenen Ersten Weltkrieg genauso unterschiedliche Erfolgswege im Leben, wie die amerikanischen Vietnam-Veteranen ein halbes Jahrhundert später: die einen „rutschten“ gesellschaftlich aus und wurden deklassiert, die anderen gingen ihren „Karriereweg“. Die Erlebnisse waren hier wie dort gleich, nur deren Verarbeitung war unterschiedlich. Diese Differenz ist nicht schicksals- sondern erb- und erziehungsbedingt. Die deklassierten Ersten-Weltkriegs-Offiziere, wie die gestrandeten Vietnam-Veteranen machten Gott und die Welt, nur nicht sich selbst für ihr Nachkriegsscheitern verantwortlich: Während die Wiener und Berliner Leutnants ohne Sold und Uniform bald das Unterfutter der Nationalsozialisten bildeten, griffen diese Ex-Vietnamkämpfer nach Drogen und Waffen. Scheinentschuldigungsgründe gab es auf allen Seiten mehr als genug.

Rechte, faschistoide „Märtyrer-Wärter" zeigten in der Wiener und Berliner Zwischenkriegszeit genauso viel Verständnis für die nazigewordenen Frontoffiziere, wie linke „Märtyrer-Wärter" für die süchtigen Ex-Vietnamkämpfer, die mit ihrer „barbarischen" Vergangenheit brachen; die anderen Veteranen wurden unisono zu „Kriegsverbrechern" gestempelt.

„Märtyrer-Wärter" handeln stets bewußt, lassen nichts dem Zufall übrig, sie wissen immer, was sie tun: andere Menschen, ganze Gesellschaften in ihre Kompensation der Minderwertigkeits- und Schuldkomplexe einzubinden; deshalb verwischen sie auch so gerne den Unterschied zwischen Tätern und Opfern. Genauso wie sie - aus welchen Gründen auch immer - nur selten bereit sind, eindeutig Verantwortung zu übernehmen, kleiden sie gerne die Täter, zumindest teilweise, in Opfergewänder. Während sie sich gerne mit Tätern beschäftigen, lassen sie kaum eine Opfer-Analyse zu.

Ganz anders verfahren die „Märtyrer-Wärter" mit ihren einstigen Feinden. Es wird kaum einen „Shoatiker" (1) geben, der Verständnis für die nationalsozialistische Gesinnung, in welchen homöopathischen Mini-Dosen auch immer, aufbringt. Die Welt zwischen 1933 und 1945 war nicht so einfach, nicht so schwarz-weiß gefärbt, wie man es heute ger-

---

(1) Vom Autor geprägtes Kunstwort, mit dem er neurotische Juden bezeichnet, die ihre Zukunft (nahezu) ausschließlich in der Vergangenheit suchen. Dabei ist das hebräische Wort „Shoa" ein Synonym für den Holocaust.

ne sieht. Einfache NSDAP-Mitglieder, die auch nach 1945 sofort für „schuldlos“ erklärt wurden, die ohne Parteimitgliedschaft ihre Existenz verloren hätten, unterscheiden sich von den „Shoatikern“ nur im graduellen Schuldbereich. Wie sehr die Einseitigkeit der „Shoatiker“ auf wankendem Boden steht, zeigt ihre Einstellung gegenüber dem italienischen (Mussolini), spanischen (Franco) und ungarischen Faschismus (Horthy). Daß z. B. Horthy bereits 1920 sein erstes „Judengesetz“ einführte, später aber in eine Gegenposition zu Hitler geriet, das verzeihen ihm die ungarischen „Shoatiker“. Durch Franco-Spanien gelang vielen verfolgten Juden die Flucht in die Freiheit und Mussolini schützte das Leben italienischer Juden so lange er es nur konnte. Daß Faschismus trotzdem Faschismus bleibt, das interessiert die „Shoatiker“ nicht. Die ermordeten spanischen (Bürgerkriegs-)Kommunisten und Linken, die hingemetzelten italienischen Sozialisten gerieten in der „Shoatiker“-Erinnerung bald in Vergessenheit. - Auch hier erleben wir die verschobene Opfer-Täter-Verantwortung der „Märtyrer-Wärter“.

„Täter-Opfer“-Süppchen

Die „Märtyrer-Wärter“ kochen ihr „Täter-Opfer“-Süppchen mit natürlichen Ingredienzien: Opfer erwecken immer Mitleid und Mitgefühl, sie brauchen weniger Verantwortung als die Nicht-Opfer zu tragen, sie haben ein Anrecht auf „gerechte Strafe“ ihrer Täter. Daß auch Opfer ihre Täter benötigen, wie jeder Masochist einen Sadisten, darüber schweigen sich die „Märtyrer-Wärter“ wohlweislich aus. Es gibt viele Opfer, die gerne Opfer bleiben. Auch die „Märtyrer-Wärter“ betrachten sich selbst als „Opfer“ der Vergangenheit („Shoatiker“), der Gegenwart („Rom-Antiker“, „Rand-Euphoriker“) und sogar der Zukunft („Xenophilotiker“). Letztere sind nämlich davon überzeugt, daß die (armen, ausgebeuteten) Fremden für alle Zeiten Menschen zweiter und dritter Klasse bleiben werden. Opfer genießen immer einen hohen moralischen Stellenwert, sie werden bemitleidet, ihnen stehen auch Privilegien zu; so hatte z. B. der Opferausweis im Nachkriegsösterreich nichts mit wiedergutmachenden Leistungen zu tun. Allerdings unterliegen nahezu alle Subventionen des modernen Staates diesem Ungleichprinzip.

Im Gegensatz zu den „Märtyrer-Wärterinnen" diverser Emanzenorganisationen („Man wird nicht als Frau geboren, man wird zur Frau gemacht ...!") wissen wir, daß es auch zahlreiche „geborene Opfer" gibt, die nur zum geringen Teil ein Opfer ungünstiger Umstände sind. Genau wie die moderne Psychologie von „Unfalltypen" spricht, gibt es auch „Opfertypen", die nicht in der Lage und auch nicht gewillt sind, ihre ewige Verliererstraße zu verlassen und von der für sie bequemen, weil minderverantwortlichen Schatten-, auf die konkurrenzkämpferische Sonnenseite des Lebens zu wechseln. Zu diesen Typen gehören auch so manche „Berufs-Minderheitler", die, Masochisten gleich, die Abstempelung zum Fremdkörper mit allen seinen vorteilhaften Begleiterscheinungen „genießen".

Jeder Mensch kann aus seinem Leben, wie behindert und benachteiligt er auch ist, ein Optimum machen oder alle seine Chancen ungenützt verstreichen lassen. Während sich Hypochonder bereits mit einer leichten Erkältung ins Bett legen und ihr Testament machen, führen viele Krebskranke einen erfolgreichen Kampf gegen ihre heimtückische, tödliche Krankheit. In eine ähnliche Position begeben sich auch die *„sozialen Hypochonder"*, die hinter der leisesten Kritik an ihrem abweichenden Verhalten „massive Maßnahmen der Unterdrückung" vermuten.

Die „sozialen Hypochonder", diese „Berufs-Opfer politischer Ungerechtigkeiten", verstricken sich selbst in eine ausweglose Situation, indem sie ihr Selbstwertgefühl mit überhöhten Scham- und Schuldgefühlen über Gebühr belasten. Von dieser Last können sie sich selbst kaum befreien, sie begeben sich viel mehr in eine ständige Oppositions-Position gegenüber der Mehrheit, die ihnen angeblich keine kulturelle Bewegungsfreiheit bietet.

Andererseits wäre es falsch und fatal, die „Mehrheit", was man darunter auch versteht, von jedweder Unterdrükkungsschuld der Benachteiligten frei zu sprechen. So hat es z. B. lange gedauert, bis die öffentliche Hand bereit war, möglichst behindertengerecht zu bauen.

Die andauernden Proteste von Behindertenorganisationen - die keineswegs in die zwielichtige „Märtyrer-Wärter"-Rolle abgedrängt werden dürfen - haben viel bewegt; auch die Interessenvertretungen von Frauen, jungen Menschen und Ausländern, bzw. religiöser, ethnischer und schicksalsgemeinschaftlicher Minderheiten haben für ihre Mitglieder viel erreicht. Deshalb kritisieren wir in diesem Buch keineswegs die berechtigten Bemühungen zuständiger Institutionen und Organisationen, mehr Möglichkeiten der freien Entfaltung ihrer Mitglieder zu erkämpfen. Erst die einseitige Übertreibung der Minderheiten-Mandatare, ihre Nicht-Akzeptanz gesamtgesellschaftlicher Interessen, ihr ständiges Drohen mit der Vergangenheit, die man nie restlos aufarbeiten kann, machen aus verantwortungsbewußten Minderheiten-Sprechern „Märtyrer-Wärter" mit ihrer permanenten moralischen Erpressung.

Diktatur der Minderheiten

Die „Märtyrer-Wärter" leiden, wie wir hier skizzierten, unter ihrer direkten Selbstaggression (genährt aus Schuld und Minderwertigkeitskomplexen), wie auch unter der Fremd- und Kollektivaggression (gerichtet gegen einzelne Menschen und Politiker, wobei ich dabei keinen Unterschied machen will) gegen echte und angedichtete „Fremdenfeinde". Dieser Kampf artet, weil jeder Kampf intolerant und teilweise auch demokratiefeindlich geführt wird, auch in einer „Diktatur der Minderheiten" aus.

Minderheiten sind benachteiligte Gruppen, die man weder bewundern noch beneiden sollte; sie bekennen sich zu einem von der Mehrheit abweichenden kulturellen Verhalten - von der Religion bis zur Folklore. Sie stellen sich - in einer demokratischen Rechtsordnung freiwillig und gewollt - außerhalb der Mehrheitsnormen und verlangen gleichzeitig Schutz und Förderung.

Leicht ist die Erfüllung dieser Wünsche, die Bewältigung dieser Situation nicht, aber die erlebte Demokratie ist immer schwerer mitvollziehbar als die erduldete Diktatur. Deshalb wird die aktive Toleranz von Minderheiten immer zum Gradmesser einer Demokratie.

Da die notwendige Toleranz nur selten wirklich funktioniert, bleiben Minderheiten benachteiligte Gruppen.

Minderheiten werden allerdings nicht nur von außen - seitens der Mehrheit -, sondern auch von innen - bedingt durch die eigenen „sozialen Neurosen" - benachteiligt. Diese „sozialen Neurosen" drücken sich vielfältig aus, meist als gesellschaftliche Deformationen. Im Schatten der Neurosen und Deformationen blühen nicht selten - natürlich nicht nur dort - diktatorische Gelüste einzelner, oft auch selbsternannter Minderheitenführer und Minderheitensprecher auf.

Anhand dreier Beispiele, und zwar des „Multikultis", des „Eiferers" und des „Ghettoisierers", möchten wir die Vielgesichtigkeit, aber auch die Gefahr einer „Diktatur der Minderheit" demonstrieren.

Die *„Multikultis"*: Eine humanistisch gesinnte Minderheit - beseelt durch die Überzeugung eines intoleranten Kampfes für die Toleranz - preist unerschrocken die Vorzüge einer multikulturellen Gesellschaft an.

Auf den ersten Blick haben sie recht: Monokulturen sind zu einem degenerativen Absterben verurteilt. Wälder, Hunde, Habsburger zeigen uns - das wissen Förster, Kynologen und Historiker - die Folgen und Gefahren von Monokulturen: Bäume ersticken in monokulturellen Wäldern, reinrassige Hunde wie inzüchtige Habsburger degenerieren, werden krankheitsanfällig und sind nicht von zuviel Intellekt geplagt.[1]

Also: Blutauffrischung tut gut!

Her mit den Südslawen und Nordindern, mit den Westpakistani und Ostkurden. Nichts steht dem Bau eines neuen Turmes zu Babel im Wege. Ohne eine pseudoprophetische Schwarzmalerei dürfen wir am Erfolg auch dieses zweiten Turmbaues zweifeln. Auch dieser Turm wird unter der - falsch verteilten! - sozialen Last einer polyglotten Vielschichtigkeit tosend einstürzen und die Verfechter einer multikulturellen Gesellschaft unter sich begraben.

Die Situation ist zwiespältig, das Dilemma - anscheinend - vorprogrammiert: Einerseits warnen wir vor den Gefahren der Monokultur, andererseits lehnen wir die multikulturelle Gesellschaft ab. Was ist also richtig, was ist falsch? Die Geschichte zeigt uns den Ausweg aus diesem Dilemma.

Österreich, vor allem der östliche Teil des Landes, hat es immer schon gezeigt, wie man eine gute und erfolgreiche Ausländer- und Einwanderungspolitik betreibt. Die Wiener Hausmeister aus Böhmen, die Druckereiarbeiter aus Mähren, die Dramatiker und Operettenschreiber aus Budapest, die Schriftsteller aus Prag ... und, und, und ... bauten aus multikulturellen Bausteinen eine Monokultur, die schlichtweg österreichische Kultur heißt.

---

(1) Mit dieser Aussage soll nicht das Gros gesunder und hochintellektueller Angehöriger des Hauses Habsburg desavouiert werden.

Die Zaubermittel dieser Einheit aus Vielheit heißen Assimilation (seitens der Zuwanderer) und Integration (seitens des Wirtsvolkes). Genauer gesagt: Assimilationsbereitschaft und Integrationsmöglichkeit.

Nur: Sie kamen aus Böhmen, Mähren und Ungarn - und nicht aus Indien, Pakistan und aus dem Irak. Der multikulturelle Unterbau fügte sich also nahtlos in einen kulturellen Überbau ein. Voraussetzung für diesen „natürlichen" Prozess ist ein kulturelles Nahverhältnis der einzelnen Elemente und die Bereitschaft, ein Ganzes zu bilden.

Diese Prozesse erlebte Österreich auch nach 1945 (Sudetendeutsche), 1956 (Ungarn) und 1968 (Tschechoslowaken). Während die Slowenen, Kroaten und Serben unserer Tage die notwendige Assimilationsbereitschaft mitbringen, zeigt die (ost-)österreichische Wirtsbevölkerung Integrationsmöglichkeit, vor allem was die zweite Generation anbelangt. So kann man - kurz gesagt - den Zwiespalt zwischen multi- und monokulturellen gesellschaftlichen Notwendigkeiten und Gegebenheiten lösen. (Bei den türkischen Gastarbeitern, die sich - vor allem aus religiösen Gründen - ghettoisieren, besteht weder eine Assimilationsbereitschaft noch - ihnen gegenüber - eine Integrationsmöglichkeit. Eine Parallele zu nicht assimilationswilligen Juden drängt sich auf ...)

Mit diesem natürlichen Prozeß erklärt sich die Minderheit der kompromißlosen Verfechter einer multikulturellen Gesellschaft nicht einverstanden: Die Mitglieder eines Zweckbündnisses aus Linkskatholiken, Grün-Alternativen und Reformkommunisten sind typische Vertreter einer Minderheit, die durch das „Diktat des Herzens" die „Überlegung der Vernunft" unterdrücken wollen.

Wir wissen, daß es ungewohnt ist, von einer „Diktatur des Herzens" zu sprechen, da kaum jemand vor der „Macht der Gefühle" Angst hat. In unserer Zeit der verschobenen Gewaltenteilungen, wo neben den drei klassischen Gewalten die vierte (die Massenmedien) die eigentliche Macht haben, können sich aber die Vertreter der Minderheiten - als Diktatoren, die keine andere Meinung akzeptieren - dieses Machtinstrumentes hervorragend bedienen.

Diktatur ist auch ein Druck, der Gegendruck hervorruft. Das erleben wir heute in Deutschland: Erst die multikulturellen „Diktatoren der Minderheit“ erzwangen - über die Medien - eine Öffnung der Grenzen und machten aus Deutschland ein Einwanderungsland fremder und fremdartiger Kulturträger. Aus diesem Boden erst konnte der alte Ungeist mörderischer Neo-Nazis wachsen. So sieht die verheerende Wirkung einer „Diktatur der Minderheit“, diesmal der multikulturellen, aus.

Die „Eiferer“: Ein anderes Beispiel liefern uns die Eiferer der Nächstenliebe, des Minderheitenschutzes. Verwandt mit den Verfechtern einer multikulturellen Gesellschaft, fühlen sich auch die Eiferer als Ritter und Retter ohne Furcht und Adel nicht nur mit den echten, sondern auch den scheinbar Verfolgten verbunden.

Jeder dieser selbsternannten Eiferer hat seine Schutzbefohlenen; aus der Ferne eignen sich die von den Irakis und Türken verfolgten Kurden genauso wie aus der mittelbaren Nähe die ungarischen Minderheiten in Rumänien oder aus der unmittelbaren Nähe die im Burgenland ghettoisierten Zigeuner hervorragend als Objekte der Eiferer. Auch die unerbittlichen Sucher nach dem Antisemitismus sollten hier nicht unerwähnt bleiben.

Alles, was diese Eiferer - in der Religionsgeschichte kennen wir sie als Fundamentalisten und Wächter der reinen Lehre - tun, nützt oft den betreffenden Schutzbefohlenen, aber - und das wollen die Eiferer nicht akzeptieren - auch ihnen selbst. Schuldgefühle, Minderwertigkeitskomplexe oder auch ein schlechtes Gewissen lassen sich auf diese Art hervorragend kompensieren. Wie bei den Märtyrer-Wärtern.

Auch Minderheiten bestehen aus Menschen, genauso wie die Mehrheiten; mit einem, wenn auch nicht unwesentlichen, Unterschied: Minderheiten-Menschen fehlt die beruhigende Sicherheit der Heimatbesitzenden; sie müssen um ihr Überleben kämpfen, sie müssen - streunenden Hunden gleich - ein viel höheres Intelligenzpotential als die Satten der Mehrheit entwickeln.

Die „Eiferer" unter den Minderheiten-Diktatoren und „Märtyrer-Wärtern" operieren professionell mit dem schlechten Gewissen einer zu Rassismus, Ausgliederung und Ausgrenzung neigenden unduldsamen Mehrheit.

Diese bewußte Taktik der „Minderheiten-Wärter" ist weder österreich-, noch deutschspezifisch, sondern erreicht uns in der harmlosen Verkleidung der „Political correctness" aus amerikanischen extrem-liberalen Kreisen. Die deutsche Übersetzung, „politische Korrektheit", ist genauso falsch und tendenziös wie der US-Ursprung: Man meint damit nicht das Zurechtrücken von Rassismus, Antisemitismus und sonstiger Benachteiligung von Frauen, Schwulen und Gemischtfarbigen, sondern deren rechtswidrige Überbewertung. „Das an sich noble Vorhaben (...) artete rasch zu einem Sprach- und anderen Terror aus ..." (Dieter Lenhardt: „Dreifach fremde und furchtbar häßliche Worte", in: „Die Presse", 19. 8. 1995)

Die PC (Political correctness)-Fanatiker veröffentlichen, wie einst im viktorianischen England, einen ganzen Verhaltenskodex, und wehe, wenn sich ein Intellektueller nicht daran hält; die „märtyrer-wärterischen" Minderheiten-Diktatoren haben so manchem PC-Widersacher ein jähes akademisches Ende bereitet.

Diese „PC-Eiferer" schreiben minutiös genau vor, wie sich ein progressiver Gegner von Sexismus, Antifeminismus und -semitismus zu verhalten hat.

Dieser „Tugendterror"[1] hat naturgemäß nichts mehr mit Minderheitenschutz zu tun. Für manche Verteidiger dieses Terrors handelt es sich dabei nur um einen „Gegenschlag" des politischen Pendels von vor fünfzig und mehr Jahren in Europa und im Nachkriegs-Amerika der Ku-Klux-Klan'schen Kommunistenjagd. Jedoch: Den Teufel mit dem Beelzebub aus seiner menschenverachtenden Trutzburg zu jagen, entspricht keineswegs den liberalen Vorsätzen, auf die sich die meisten „Märtyrer-Wärter" und Minderheiten-Diktatoren berufen. Man kann die Gegenwart nicht immer „in historischen Maßstäben" sehen, und auch die gegenseitige Aufrechnung eines „Haust du meinen Juden, haue ich deinen Antisemiten!" entspricht nicht den allgemeinen ethischen Grundsätzen. Genauso wie die angebliche „Rachejustiz" des Alten Testaments völlig falsch ist - mit dem „Aug' um Aug' ...!"-Spruch zielte man nur auf eine gerechte Wiedergutmachung und nicht auf eine sanktionierte Rache -, wollen auch die „Märtyrer-Wärter" mit ihrer PC-Philosophie nicht so sehr einstiges Unrecht wiedergutmachen, sondern die eigenen Komplexe befriedigen.

In Mehrheiten und in Minderheiten stoßen wir nahezu überall auf Hasser, auf psychisch gestörte Menschen. Die einen, grob vereinfacht, können wir „Faschisten", die anderen „Kommunisten" nennen. Die einen sind die Mehrheits-Tyrannen, die anderen die Minderheiten-Diktatoren; wobei sie jederzeit austauschbar sind. (Ein kleines Beispiel dazu: Eine tüchtige und erfolgreiche Minderheit der russischen Sozialdemokratie vor und während des Ersten Weltkrieges nannte sich „Bolschewiki", auf Deutsch „Mehrheit". Sie wußten von Anfang an, was sie wollten - und Stalin

[1] Ein Begriff, der auch von einem populistischen österreichischen Politiker in die Diskussion geworfen wurde und deshalb nicht mehr als wertfrei empfunden werden mag.

zeigte es ihnen, seinem Land und der halben Welt, wohin die Diktatur einer Minderheit führen kann).

Kehren wir noch kurz zu den „Eiferern" zurück: Sie haben alles - Idee, Kraft, Ausdrucks- und Beeinflussungsfähigkeit -, nur eines fehlt ihnen: der Humor. Diese militanten Eiferer - aus der Geschichte des katholischen Mittelalters und der protestantischen Neuzeit sind sie uns allen wohlbekannt - wollen über die menschlichen, allzu menschlichen Schwächen nicht schmunzeln, sondern sie bekämpfen. Sie „kämpfen" überhaupt gerne, sie hassen nichts so sehr wie den „Frieden", den sie „selbstgefällig" und „träge" nennen.

„Militante Minderheitler" - man verzeihe uns diese saloppe Formulierung - führen sich selbst ad absurdum. Dieses „ad absurdum" kann eine blutige Tyrannei („Jakobiner"), oder auch ein selbstgewähltes gesellschaftliches Ghetto tabuisierter Themen unter „Naturschutz" gestellter Herzeigeminderheiten sein.

Ein gutes Beispiel, wiederum stark vereinfacht, zeigt uns die Entwicklung des Nachkriegsantisemitismus (auch in Österreich). Bis zur Waldheim-Affäre war das Thema „Juden" in Österreich gutteils tabuisiert, jede Partei hatte ihren „Herzeigejuden", und einer, der es partout gar nicht sein wollte, wurde sogar Bundeskanzler.

Dieser Zustand war für die Österreicher, denen auch schon vor 1938 der Judenhaß nichts Unbekanntes war, etwas Unnatürliches. Leise, nur hinter vorgehaltener Hand, hörte man antisemitische Bemerkungen, und an der sogenannten „Auschwitz-Lüge" bissen sich sogar die ersten NPD-ler ihre braunen Zähne aus.

Jetzt hat sich die Situation geändert. Alt- und Neo-Nazis treiben ungeniert ihr Unwesen, neben geistreichen jüdischen (Selbst-)Witzen hört man immer mehr geist- und geschmacklose Witzeleien, und auch Mauthausen mausert sich in gar nicht so wenigen Köpfen zu einem sanatoriumähnlichen Arbeitslager. - Und außerdem und erst recht: Damals war Krieg, ein halbes Jahrhundert ist die ganze „Geschichte" schon alt und schließlich und endlich haben auch die Römer Christen verfolgt. Warum also immer die Juden?

Mit einem Wort: Das Leben „normalisiert" sich.

Daß sich glücklicherweise gar nicht so wenige nicht jüdische Humanisten dieser „Normalisierung der Barbarei" widersetzen, muß genauso festgehalten werden, wie der sehr menschliche Wunsch nach „Ruhe" und „Vergessen".

Man kann aber den berechtigten Kampf gegen den Antisemitismus auch übertreiben und Judenfeindlichkeit auch dort wittern, wo „nur" Konkurrenzkampf oder die natürliche Abneigung gegen alles und jedes, das „fremd" erscheint, dominiert.

Auch hier zeigt sich die „Diktatur der Minderheiten": In einer Wiener Gesellschaft, jetzt als eine Abendzusammenkunft und nicht als soziologischer Gesamtbegriff verstanden, wo sich Juden und Nicht-Juden treffen, ist es kaum möglich, z. B. über die nicht sonderlich humanen Ausschreitungen israelischer Soldaten gegen palästinensische Steinewerfer zu sprechen. Jede Kritik an Israel wird zum Antisemitismus erklärt und tabuisiert. Auch das ist eine „Diktatur der Minderheiten".

Die „Ghettoisierer": Wir sind es gewohnt, das Wort „Ghetto" mit „Juden" zu assoziieren. Unser drittes Beispiel - die „Ghettoisierer", die wir auch die „Eigenständigen" nennen könnten - hat allerdings nicht nur mit Juden zu tun, da Vertreter aller historisch verfolgten Minderheiten, aber auch religiöser Fanatiker, zu einer Überbetonung ihrer Eigenständigkeit neigen.

Da wir hier auf „soziale Neurosen" treffen, handelt es sich dabei nicht um die natürliche Tendenz zur Eigenständigkeit und Emanzipation, sondern um den künstlichen, den neurotisch übersteigerten Trend zum kompromiß-

und toleranzlosen Festhalten an eigenen Werten, Sitten und Gebräuchen. Kompromiß- und Toleranzlosigkeit führen auch in diesem Zusammenhang zur Diktatur, zum Bau künstlicher Mauern, zum Abschotten von äußeren Einflüssen - mit einem Wort: zum Ghetto.

In Wien, um jetzt konkret zu werden, schließen sich nicht nur die Abkömmlinge chassidischer Juden, sondern auch ein Gutteil türkischer Gastarbeiter und Zigeuner in solchen Ghettos, mit Schutz- und Trutzburgfunktion ausgestattet, zusammen.

Ghettos kann man in einem demokratischen Rechtsstaat nur von innen her aufrecht- und am Leben erhalten, da der Weg der Assimilation und Integration im Prinzip jedem Menschen offen steht. „Ghettoisierer", als Minderheiten-Diktatoren, lehnen bereits die geringste Form von Assimilation und Integration rigoros ab und drohen dem „Verräter", dem „Abtrünnigen", mit Gott und Gewalt.

Wir erwähnten bereits, daß die Eigenständigkeit der „Ghettoisierer" nichts mit Emanzipation gemein hat. Ganz im Gegenteil: Die Mitglieder der Minderheiten werden unter dem psychischen und manchmal auch physischen Druck der „Ghettoisierer" versklavt, entrechtet, an der Entfaltung ihrer Individualität - und nicht nur am Geschlechtsteil - beschnitten.

„Ghettoisierer" sind, wie alle anderen „Diktatoren der Minderheiten", Menschen, die Angst mit Angst machen. Sie warnen unaufhörlich vor den - meist erfundenen oder künstlich hochgespielten - „Gefahren", die seitens der angeblich „feindselig" eingestellten Mehrheiten drohen. Sie sind Warner und Rufer, sie sind Einschränker, sie sind seelisch deformierte Hasser, die panische Angst haben, in ihrem Unglück allein zu bleiben.

Natürlich haben auch diese „Diktatoren" nicht ganz unrecht, da keine Mehrheit ihre Minderheiten wirklich liebt.

Der einzige Ausweg aus diesem Dilemma - sowohl für Menschen, die, aus welchen Gründen auch immer, in einer Minderheit bleiben wollen, als auch für Assimilations- und Integrationswillige - heißt „doppelte Loyalität“:

- Der Assimilations- und Integrationswillige, der sich zur Mehrheit bekennt, darf sich keiner trügerischen Sicherheit hingeben. Er muß wissen, daß seine neugewonnene Identität hauchdünn und jederzeit einreißbar ist. Die „doppelte Loyalität“ betrifft seine Integration in die Mehrheit und die Bewältigung seiner eigenen Geschichte.
- Der Minderheitenbeharrer kann seine „doppelte Loyalität“ leichter als der Integrationswillige gestalten: Rechtzeitig bevor er seinen Christbaum schmückt, sollte er seine Chanukka-Lichter ausblasen.

So einfach ist das!

Ist das so einfach?

Xenophilotiker oder: Wo bleiben die Pflichten des Gastes?

Die Ausländerfeindlichkeit der Inländer grenzt die Inländerfreundlichkeit der Ausländer empfindlich ein.

Nona!

Warum sollte ich meinen Feind lieben? Nur weil die Bibel, die einst unter Außerachtlassung nahezu aller psychologischen Erkenntnisse, die „Nächstenliebe" (Neues Testament) vorschreibt, weil der „Nächste", laut Altem Testament, „so ist wie du"? Abgesehen davon, daß diese Aufforderung in den meisten Fällen eher Krieg als Frieden verursachen würde, müßte der Mensch, der dieses - und die meisten der „Zehn Gebote" vollinhaltlich einhält - ein wahrer Engel sein. Und wer ist das schon?

Meine schwer erkämpfte und von meinen Freimaurer-„Brüdern" mir schwer anerzogene Toleranz reicht höchstens zur Nichtbeachtung der Herkunft, der Abstammung der anderen - aus. Meine Philosophie deckt sich mit den Sonntagsansprachen der profanen und Kirchenfürsten - „Weder Rasse, noch Religion soll die Menschen trennen und ihre Chancen mildern ..." -, geht jedoch einen, äußerst praktikablen, Schritt weiter: Ich beurteile - und manchmal auch „verurteile" - die Menschen nach ihrem *kulturellen Selbstverständnis und ihrer Erziehung*.

Entgegen allem Rassismus (abstammungsbedingte Menschenverachtung), aber auch „Philotikertum" (herkunftsbedingte Zuneigung) beurteile ich alle Menschen nach einem imaginären „Kultur-Quotienten", wobei ich die „Kultur" als Summe des sozialen Handelns verstehe, die nicht nur die Kunst (Ausdruck einer handwerklich gesicherten Schöpfung) einschließt, sondern den gesamt vermittelten Ausdruck, den wir als Eindruck auf die Mitmenschen zurücklassen. Mit anderen, vielleicht verständlicheren Worten: Wie ein Mensch redet, sich kleidet, benimmt, ausdrückt und Rücksicht auf andere nimmt, zeigt sein Kulturniveau. Bereits an dieser Stelle darf ich auf das Gegenargument einer falsch verstandenen „Elite"-Forderung eingehen: Der „Kultur-Quotient" ist genauso individuell und spezifisch, wie sein Großer Bruder, der „Intelligenz-Quotient"; beide kann man messen; die erzielte Messung sollte jedoch nicht als Beurteilungskriterium des gesamten Menschen als existentieller Bestimmungsfaktor herangezogen werden. Auf diese Weise nehmen wir jedwedem Elite- oder Kulturrassismus den menschenverachtenden Wind aus den hochfliegenden Segeln.

So sieht meine „Kulturphilosophie", die eine Seite meiner Themenannäherung, aus; die andere Seite ist bereits direkt themenspezifisch und betrifft die *Ausländer*, die als (langfristige) Asylsuchende, politische, wirtschaftliche und Kriegsflüchtlinge, Gastarbeiter, bzw. (kurzfristig) als Touristen mit viel oder wenig Geld in der Tasche zu uns kommen.

Zunächst die Pflichten, dann die Rechte

Jeder Gastgeber hat Rechte und Pflichten, jeder Gast hat Pflichten und Rechte. In dieser Reihenfolge. Werde ich als Gast in eine (symbolische) „Wohnung" eingeladen, oder wird mir als Schutzsuchender die Eingangstür geöffnet, so habe ich zuerst „Pflichten", die ich - je nach Höhe meines „Kultur-Quotienten" - zum Ausdruck bringe. Dazu einige, bewußt durcheinander gewirbelte, Beispiele: Als Gast bringe ich der Hausfrau Blumen und dem Hausherrn, den ich als rigorosen Abstinentler kenne, keinen Alkohol, sondern ein Buch mit; ich bemühe mich, anlaßentsprechend angezogen zu sein und hüte mich, bereits in den ersten fünf Minuten ordinäre Witze loszuwerden; die Kochkünste der Hausfrau versuche ich mehr zu loben als zu kritisieren. Als „Gast", der sich nicht nur ein gutes Hotel für zwei Wochen, sondern eine neue Heimat sucht, bemühe ich mich, möglichst schnell die Landessprache zu erlernen und die Landessitten, wie die Kochkünste der Gastgeberin eher zu loben als zu kritisieren. Der höfliche Gast dankt am Ende der Einladung, der Ausländer bereits am Anfang seines Bleibens.

So sieht der Idealzustand, immer stark in der Theorie und manchmal schwach in der Praxis, aus. Die Realität weicht selten bei einem Gastmahl und - leider - häufig bei Ausländern von diesen Idealvorstellungen ab. Die Betonung der Pflicht eines Ausländers soll natürlich seine Rechte nicht schmälern, sondern nur die Reihenfolge klar und unmißverständlich festlegen. Auch banale Sprichwörter - „Wie ich in den Wald hineinrufe, so echot es zurück" - zeigen diese menschliche Eigenschaft, deren Negieren fatale Konsequenzen nach sich ziehen kann.

Genauso fatal wäre der Umkehrschluß: Es genügt, wenn sich Ausländer „entsprechend benehmen" und sie werden ein Leben lang mit keiner Ausländerfeindlichkeit mehr konfrontiert. Diesen Trugschluß sollten alle Extrem-Assimilanten - und dazu gehört auch der Autor dieses Buches - in ihr inländerfreundliches Stammbuch schreiben.

Der bürgerliche Rassismus, dieser miese Bruder des Alltagsfaschismus, ist subtiler als wir es annehmen und versteckt sich oft hinter pseudorationalen (Schein-)Argumenten. So zitiert in diesem Zusammenhang die Zeitschrift „Psychologie heute" („Sie ist Türkin, aber sauber und ehrlich", 6/95) den Freiburger Richter Thomas Mücke, der das Asylbegehren eines Pakistani mit folgender Begründung ablehnte: „Es sei zu berücksichtigen, daß Täuschungen und Fälschungen in Pakistan - wie auch in anderen orientalischen Ländern - derart häufig verbreitet und üblich sind, daß Unehrlichkeit geradezu als sozialtypisches Phänomen zu betrachten ist."

Wenn an diesem (Vor-)Urteil etwas „sozialtypisch" ist, dann die rassistische Einstellung des Richters, der zwar die Meinung der Mehrheit wiedergibt, doch für einen denkenden und fühlenden Menschen - aus dieser Kategorie wollen wir auch die Richter nicht ausschließen - unakzeptabel ist.

Rassismus, Antisemitismus, Ausländerfeindlichkeit, Zigeunerfeindschaft usw. nehmen in unserer Zeit im Prinzip nicht ab, sie sind aber (noch?) nicht „salonfähig". Immer noch im Shoa-Schatten stehend will niemand in der (guten) Gesellschaft in einen „braunen Topf" geworfen werden. Dazu kommt die mehrheitlich liberal-progressive Einstellung - nahezu - aller Medien der „gehobenen" sozialen Schichten.

Die unterschwellige und immer öfter aufbrechende „Ausländerfeindlichkeit" ruft naturgemäß auch ihre Gegner auf den (Verteidigungs-)Plan, die wir - ohne ihnen schmeicheln zu wollen - *„Xenophilotiker"* nennen; zusammengesetzt aus dem griechischen Wort „Xenos" (der Fremde, aber auch der Gast) und „Philo" (Liebe, Zuneigung, Akzeptanz).

In den Reihen dieser - und das ist bar jeder Ironie - ehrwürdigen Xenophilotiker finden wir zahlreiche jüdische „Märtyrer-Wärter" als einzige Vertreter einer Minderheit und zahlreiche Inländer linker, links-liberaler und -katholischer Prägung, Künstler und Intellektuelle, Organisatoren von Lichter- und sonstiger Ketten, SOS-Mitmensch und ähnlicher Organisationen; sehr viele Sozialwissenschaftler, die ihre „Stimme", meist gegen gutes Honorar, täglich mehrmals „erheben". Das gemeinsame Merkmal der Xenophilotiker ist ihr mangelhafter Kontakt zu der „breiten Masse".

Die größte und dauerhafteste Unterstützung erhalten die „Xenophilotiker" von den Medien und noch intensiver von ihnen genehmen wissenschaftlichen Untersuchungen. Solch eine einseitige, im politischen Spektrum unkritische Arbeit, lieferte das in Wien ansässige „Institut für Höhere Studien und wissenschaftliche Forschung" (IHS), einst als Ford-Institut mit US-Mitteln gegründet und finanziert. Die IHS-Autoren, unter der Leitung von Rainer Bauböck, haben Österreich ein äußerst schlechtes Zeugnis, was die Integration der Ausländer anbelangt, ausgestellt.

IHS-Experte Bauböck und seine Mitarbeiter, wie auch alle „Xenophilotiker", unterliegen einigen grundlegenden Irrtümern:

- Sie nehmen an, daß der wichtigste Integrationsfaktor im schrankenlosen Zuzug nach Österreich, bzw. zum heimischen Arbeitsmarkt liegt. Wie entsetzlich die Auswirkungen einer solchen Politik sind, zeigen uns die brennenden Ausländer- und Asylantenheime in Deutschland und in vielen anderen westeuropäischen Ländern. Bauböck argumentiert falsch und gefährlich: „Aber ohne sicheren Aufenthalt, ohne freien Zugang zum Arbeitsmarkt, ohne Recht auf Familiennachzug gibt es auch keine soziale Eingliederung." („Der Standard", 4. 8. 1995). Der „Familiennachzug" ostanatolischer Bauern, die in Österreich, im Gegensatz zu ihrer Heimat, eine gesicherte Existenz gefunden haben, ist unkontrollierbar, wobei die Betreffenden auch entfernte Familienmitglieder und weitverzweigte Verwandte als Kinder, Eltern und Geschwister ausgeben können.
- Der Sozialwissenschaftler Bauböck müßte es wissen, daß zwischen der Anzahl der Fremden und ihrer Integration ein Reziprokverhältnis besteht. Mit anderen Worten: Je mehr Fremde in eine für sie ungewohnte Umgebung kommen, desto stärker ihre Neigung, sich in schutz- und trutzburgartigen freiwilligen Ghettos zusammenzuschließen. Rainer Bauböck und die „Xenophilotiker" wollen das sozialanalytische Grundgesetz - Integrati-

onsmöglichkeit der Inländer ist immer eine Antwort auf die Assimilationsbereitschaft der Ausländer - nicht akzeptieren.

- Der von Bauböck und seinen Gesinnungsgenossen geforderte offene Zugang nach Österreich verschlimmert vor allem das Integrationsergebnis der seit Jahren und Jahrzehnten im Land lebenden Ausländer. Daher ist es auch nicht verwunderlich, daß diese „Alt-Ausländer" (vorwiegend Gastarbeiter) ihre Position nicht von Neuzugezogenen gefährdet sehen wollen. Sie reagieren psychologisch genauso verständlich, wie einst die assimilierten Wiener (und Prager, Berliner, Budapester) Juden, die den chassidischen Zustrom „aus dem Osten" mit scheelen Augen betrachteten. Diese Einstellung, die psychologisch berechtigte Angst um die eigene Positionssicherung, mag „moralisch" nicht einwandfrei sein und entspricht auch nicht dem Grundgedanken der „Allgemeinen Menschenrechte"; dafür ist sie politisch praktikabel und soziologisch durchaus adäquat.

Die „Xenophilotiker", wie auch alle anderen „Märtyrer-Wärter", schieben die Verantwortung einer Nichtintegration ausschließlich der inländischen Mehrheit zu. So sieht auch Rainer Bauböck in der „drastisch eingeschränkten Asylgewährung" und in der „Quotenregelung" die Ursache der „denkbar schlechten Integrationsbedingungen" in Österreich.

Integration, das haben wir schon mehrmals in diesem Buch ausgeführt, ist keine Aktion, sondern immer nur eine Reaktion. Dem alten Spruch folgend, „... wie man in den Wald hineinruft ...", so ertönt auch das „soziale Echo". Anpassen muß sich, so hart es auch klingen mag, nicht der Gastgeber, sondern der Gast, nicht der Schutznehmende formt das politische Klima, sondern der Schutzgebende. Die „Fronten" zwischen In- und Ausländern, zwischen Einheimischen und Zugewanderten verlaufen naturgemäß nicht so hart, wie es hier klingen mag; die Grenzen sind durchlässig und die gegenseitige kulturelle Bereicherung ist jederzeit möglich. Wichtig dabei ist immer nur die Reihenfolge, die Akzentsetzung: alles andere ist nur mehr eine Frage des „guten Willens", den man allerdings - beiderseits - nicht allzusehr strapazieren sollte.

Zwischen den sich offen deklarierten, oder nur unterschwelligen Ausländerfeinden und den bunt zusammengewürfelten Xenophilotikern finden wir die echten Vertreter einer Ausländer-Integration, deren einziger Fehler es ist, dem märchenhaften Phänomen einer „multikulturellen Gesellschaft" hoffnungslos nachzujagen. Dementsprechend beschränkt sich ihre Tätigkeit auf die Vermittlung deutscher Sprachkurse. Ansonsten schwärmen sie nur von kulturell-kulinarischen Begegnungen. Von dem einzig optimalen Weg, dem *intrakulturellen* (= „Tiefenkultur") - die Methode der Doppel-Loyalität: eine Anpassung nach außen und die Beibehaltung der hergebrachten Kultur nach innen -, wollen sie nichts wissen. Lieber schlittern sie in ihre selbstgewählte Sackgasse.

Aber sie sind nicht unser heutiges Thema.

Nahezu jedes Thema läßt sich - relativ - leicht emotionalisieren; erst recht das der „Ausländer". Genau auf diesen Schienen aufgeputschter Gefühle fahren nicht nur rechtspopulistische Politiker, die das Kapital „Ausländer" so gut anlegen, daß sie aus ihren Zinsen („Wählerstimmen") politisch ausgezeichnet über die (Polit-)Runden kommen, sondern auch ihre (links-)ideologischen Gegenspieler - zu denen auch die „Märtyrer-Wärter" gehören - profitieren aus der unguten und nicht ungefährlichen Sensibilisierung des Gesamtthemas, das auch sie zu ihrem „Anliegen", wie ihre politischen Gegner, machen.

Die große politische Lüge der „Märtyrer-Wärter", was die Ausländer anbelangt, zeigt sich im bewußten Negieren der gesellschaftspolitischen Realität:

- Die „Asyl-Anbeter“, die eine Emmentaler-Ostgrenze Österreichs predigen, berufen sich gerne auf die großen Flüchtlingswellen, die Österreich erreichten und hier vor keinem Schutzwall zurückfluten mußten. Das Beispiel „1956“ (180.000 Ungarn flohen über die burgenländische Grenze) wird in diesem Zusammenhang gerne angeführt. Die hier geäußerte politische Lüge der „Märtyrer-Wärter“ negiert dabei einige, jetzt bereits historische, Tatsachen: Kaum ein Jahr nach dem Abzug der verhaßten sowjetischen Besatzungsmacht können die Österreicher durch die Asylgewährung antikommunistischer Revolutionäre aus Budapest „Rache“, wenn auch nur indirekt, an den Sowjets nehmen. Dazu kommt noch die alte Weisheit, daß arme Menschen, wie es die Österreicher 1956 noch sind, sich bedeutend großzügiger zeigen als reiche. - Auch das Gefühl, Menschen, denen es noch schlechter geht als einem selbst, zu helfen, erhöht die Selbstsicherheit. Die heutigen Asylsuchenden, die an unserer Wohlstandstür rütteln, sind entweder rumänische Wirtschafts,- oder ex-jugoslawische Kriegsflüchtlinge; noch dazu werden aus diesen Menschen - aus Gründen ihres anderen kulturellen Hintergrundes! - entweder überhaupt keine, oder keineswegs so schnell, wie einst aus den Ungarn, „gute Österreicher“ werden.
- Xenophilotiker („Ausländerliebende“) negieren nicht nur historische, sondern auch sozialpsychologische Barrieren und verwechseln „Abwertung“ mit „Ausgrenzung“. *Abwertung* ist nicht nur ein Zeichen finanzpolitischer, sondern auch psychologischer Schwäche. Genauso wie wir uns gerne Vorbilder („Über-Ich“) wählen, mit denen wir uns identifizieren, benötigen wir auch Menschen, die einige oder mehrere Stufen „tiefer“ stehen als wir. Beide Blicke - nach oben wie nach unten - stärken unser Selbstwertgefühl. „Märtyrer-Wärter“ negieren

die psychologische Notwendigkeit dieser, ohne Zweifel nicht sehr edlen menschlichen Eigenschaft des „Hinunterblickens“, die nur bei aggressiven Menschen in ein „Hinuntertreten“ ausartet. Ausländer, die Wert auf ihre Andersartigkeit legen, präsentieren sich selbst als Objekt der Abwertung und halten sich, da sie selbst Teil der sozialen Hierarchie sind, „soziale Sklaven“. So ist es kein Geheimnis, daß alteingesessene Ausländer die Neuzugezogenen - wie einst die assimilierten Wiener Juden ihre osteuropäischen frommen Schicksals- und Glaubensgenossen - recht scheel betrachten. Entscheidend dabei, und das erhärtet die psychische Notwendigkeit der „Abwertung“, ist nicht nur das Datum des Ankommens in Österreich (oder in Deutschland, oder in Frankreich, in Italien, Kanada, Australien, in den USA und in jedem anderen Aufnahmeland der Welt), sondern auch ein gewisses „Geoprestige“: Slowenen und Kroaten blicken auf Serben, diese wiederum auf Bosnier und Albaner nicht sehr liebevoll „hinunter“. Über das alles andere als rosige Schicksal der Letztgereihten in unserer Hierarchie („Zigeuner“) werden wir noch berichten.

- „Realos“ unter den Xenophilotikern verurteilen zwar richtigerweise jedwede Diskriminierung, sie wissen aber, daß eine gewisse Abwertung, Ausgrenzung, pauschale Vorverurteilung ein Teil unser labilen, leicht verwundbaren Seele sind. Genauso wie Krankheiten ein Teil unseres „gesunden“ Lebens sind, und es wohl nie Menschen ohne physische und psychische Schwächen und Anfälligkeiten geben wird, gehört auch „Fremdenangst“ zum normalen Leben. Bis zu diesem Punkt ziehen die „Realos“ unter den „Märtyrer-Wärtern“ mit. Den konsequent nächsten Schritt trauen sie sich nicht mehr mitzumachen: Zwischen Angst und Phobie (übertriebene, neurotische Angst) gibt es nur eine fließende

Grenze, die, einer Schlangenlinie gleich, unseren geraden Weg in den Humanismus begleitet. So steht und geht jeder Mensch nur mit einem Bein im normalen Angstbereich und mit dem anderen bereits in phobischen Bezirken. Die jeweilige psychische Situation, bzw. die unerwartete Frustrationen machen aus uns ständige Grenzgänger zwischen (Ausländer)-Bejahung und -Verneinung. Das Niemandsland dazwischen ist die bloße Duldung der „Nichtdazugehörenden".

Wir alle kennen - und Psychologen erforschen - die hier skizzierten Abwertungs-Mechanismen. „Wer eine unausdrückliche Diskriminierung loswerden will, muß sich darauf verlassen können, daß die Zuhörer und Zuhörerinnen ohnehin schon ‚wissen', was es beispielsweise mit Türken, Schwarzen, Zigeunern, Juden, Asylanten auf sich hat, die also bestimmte Vorurteile und Stereotypen ‚stillschweigend' mit dem Diskriminator teilen." - So der Heidelberger Psychologie-Professor Carl Friedrich Graumann (zitiert in: „Psychologie heute", 7/95).

Dieser „Diskriminator", der kein Unrechtskämpfer gegen das Recht, kein Bösewicht gegen das Gute, sondern jeder von uns selbst ist, ähnelt dem „Märtyrer-Wärter". Mit dem einen Unterschied: Während der „Diskriminator" mit dem Alltagsrassismus seiner Zuhörer rechnet, schmieden „Märtyrer-Wärter" Schutzschild und Lanze (für die Minderheiten, bzw. gegen die Mehrheit) aus ähnlichem Material; auch sie rechnen mit der Empörung frustrierter Zuhörer, die aus den unterschiedlichsten Gründen ihren Platz in der Mehrheit nicht gefunden haben. Sie sind allerdings nicht „stillschweigend", sondern „lautprotestierend".

Fehleinschätzung der Ausländer-Anbeter

Naive Ausländer-Anbeter - man verzeihe mir diesen salopp-harten Ausdruck - erliegen einer doppelten Fehleinschätzung psychologischer Notwendigkeit: Sie negieren nicht nur die Angst der Mehrheit vor „Fremdkörpern", sondern auch den zumindest genauso berechtigten Wunsch der Ausländer für eine militante Prägung ihrer kulturellen (nationalen, religiösen) Eigenständigkeit. Treten z. B. rechtslastige bis -extreme türkische Organisationen im Ausland (wie z. B. die „Grauen Wölfe") in politische Erscheinung, so machen die „Märtyrer-Wärter" dafür „die fehlende Integration" verantwortlich.

Menschenrechte wie auch -pflichten sind unteilbar: Wir können nicht die Tendenz der Mehrheit nach „Aufsaugen" (Anpassung, Assimilation) bejahen und die organisierten Kräfte dagegen verneinen; das „Wir-Bewußtsein" ist keine Einbahnstraße. Die Ideologie der ultrarechten „Grauen Wölfe" ist einfach und einleuchtend: „Die Nähe zum Vaterland, das Ehrgefühl, der Stolz, Türke zu sein". („Falter", Wien 22/95) Der eigentliche Name der „Grauen Wölfe" heißt „Nationalistische Aktion", die ihr Chef in Österreich, Osman Sahin, zu „Patriotische Aktion" aufweicht: „‚Patriotisch' ist besser als ‚nationalistisch'. Ich bin gegen den Nationalismus und Faschismus. Aber ich bin Patriot. Wir nennen uns auch ‚Idealisten'." (Falter)

Der eigentliche Gegner der „Grauen Wölfe" ist die PKK (Kurdische Arbeiterpartei) und keineswegs die österreichische (oder die deutsche) Mehrheit. Da das Gros der in Österreich lebenden Türken nicht assimilationsbereit ist, zeigt man ihnen gegenüber auch keine Integrationsmöglichkeiten. Diese Menschen - und das ist ihr gutes, unantastbares Recht - wollen „Türken" bleiben und deshalb erhalten ihre Organisationen, vor allem die „Grauen Wölfe", einen ständigen Zulauf. An dieser Situation können die naivsten wie auch die aggressivsten Xenophilotiker nichts ändern. Alles weitere ist eine (gemeinsame) Angelegenheit des beiderseitigen Verständnisses und, falls es notwendig ist, der Ordnungsmacht.

Am Rande der „Märtyrer-Wärter" agieren die Integrationsfreunde, die links von der politischen Mitte beheimatet sind. Wie wenig jedoch ihr, ohne Zweifel tolerantes und humanes, Anliegen aufeinander abstimmbar ist, zeigt ein kleines Beispiel aus der - in jeder Hinsicht - bunten Wiener Schulszene, wo bereits 40 Prozent aller Pflichtschüler Ausländerkinder sind: Im Frühjahr 1995 erließ der Präsident der Islamischen Glaubensgemeinschaft in Österreich, Dr. Ahmed Abdelrahimsai, seinen berühmten „Kopftucherlaß", der islamischen Schülerinnen - gemäß dem Koran - das Tragen von Kopftüchern vorschreibt. Dazu der integrationsfreudige Wiener Stadtschulratspräsident Dr. Kurt Scholz: „... wenn der Glaube den Schülerinnen vorschreibe, bestimmte Kleidungsstücke zu tragen, sei das vom Schulwesen zu respektieren." („Der Standard", 5. März 1995) Mit dieser an und für sich toleranten Einstellung konnte sich die SPÖ-Bundesfrauensekretärin, die emanzipatorische Vorreiterin Irmtraut Karlsson, keineswegs anfreunden und warf dem Stadtschulratspräsidenten vor, „moslemischer als die Moslems" zu sein.

Auch an Hand dieses Beispieles sehen wir, wie intolerant Vertreter(innen) der „multikulturellen Gesellschaft" agieren. Wo bleibt, bitte, die Toleranz gegenüber der türkischen Kultur? - Der damalige Unterrichtsminister Dr. Erhard Busek entschied realistisch und lehnte die „Kopftuchverordnung" ab: „Die Regelung sei zwar ‚eine religionsinterne Angelegenheit', es müsse aber darauf Rücksicht genommen werden, in welchem Kulturkreis man sich befinde." („Der Standard") Bravo!

Dieser, wenn auch sehr vorsichtig formulierte, praktische Ratschlag widerspricht sowohl der multikulturellen als auch der ausländer- und minderheitenoptimierenden Praxis xenophilotischer Denkweise. Die hier geforderte und in der Praxis undurchführbare Überhöhung der Minderheiten-Eigenständigkeit - ohne Zweifel ein, wenn auch widersprüchliches Produkt der allgemeinen Emanzipationstendenzen - führt zu einer fast schon religiösen Überbewertung des Ethnischen schlechthin. Auf den Punkt gebracht: „Das Ethnische beherrscht unsere Gegenwart." (Hakan Gürses: „Wechselspiel der Identitäten. Bemerkung zum Minderheitenbegriff", in: „SWS-Rundschau" Wien, 4/1994)

Angehörige sprachlich-kultureller Minderheiten sind zum Großteil keine Ausländer, sie werden nur als solche betrachtet; selbst dann, wenn sie sich in Österreich zu einer „Volksgruppe" emporstilisiert haben. „Der Ausdruck Minderheit ist aus den völkerrechtlichen Vertragswerken nach dem Ersten Weltkrieg geläufig und verweist im wesentlichen auf den Blick vom Staat zur Gruppe, die nicht der Mehrheitsbevölkerung angehört. Diese Sicht wurde verlassen. Der Ausdruck Volksgruppe geht vom Bewußtsein der Identität der Gruppe selbst aus und schließt an die modernen demokratiepolitischen Überlegungen zur Identitätsfrage an: Heimatgefühl, Gruppenbewußtsein, Wille zur Erhaltung der Gruppencharakteristika stehen im Vordergrund." (Felix Ermacora: „Zum Recht auf Schutz der Minderheiten", in: Reinhold Henke (Hg.): „Leben lassen ist nicht genug. Minderheiten in Österreich", Wien, 1986)

Die emotionellen Grenzen zwischen „Inländern" und „Ausländern" sind genauso verschoben und in der Negativbesetzung irreal wie das Kriterium der Religion (die katholischen Zigeuner werden stärker abgelehnt als die mosaischen Juden). Auch die ethnische Grenzziehung zwischen „Minderheiten" und „Ausländern" ist verschwommen. Während sich in den Reihen der Roma und Sinti-(„Zigeuner")-Volksgruppen (eine „Minderheit") nicht nur österreichische Staatsbürger („Inländer"), sondern auch Staatenlose, bzw. Menschen mit nicht-österreichischer Staatsbürgerschaft („Ausländer") befinden, bilden die Juden, wie auch alle anderen Angehörigen nicht-katholischer Religionsgemeinschaften, keine eigene Volksgruppe (Minderheit). Sie sind Inländer oder Ausländer je nach Staatszugehörigkeit. Trotzdem bezeichnen viele die Juden als „Minderheit". Warum eigentlich? Nur weil sie einer anderen Konfession angehören? Wieso hält nahezu niemand Mitglieder der Anglikanischen Hochkirche oder Adventisten für eine „Minderheit"? - Die Begriffe greifen ineinander, rechtlich lassen sie sich kaum mehr definieren und vor allem können sie ihre emotionalen Hüllen nicht ablegen.

Das Essentielle des „Fremden", mit oder ohne Staatsbürgerschaft der Majorität, als Angehöriger einer Minderheit oder „bloß" ein Ausländer, ist die *Identität*, die auch die Mehrheit besitzt, ohne sich dieser in Nichtkrisenzeiten bewußt zu sein. „Identität" der Mehrheit ist wie die „gute Luft"; man registriert sie erst als Mangelerscheinung; ansonsten bleiben beide eine Selbstverständlichkeit. Mehrheiten leben im eigenen Land, in der eigenen Kultur, stets in der (sozialen) „frischen Luft"; Ausländer, Minderheiten oder sonstwie Benachteiligte ringen nach Identität, nach frischer, guter Luft.

Das Fehlende muß man erzeugen, künstlich erschaffen. In einigen Kleinstädten der Vereinigten Staaten experimentiert man daher auch mit einer künstlichen Umwelt, indem über Menschen, Häuser und Straßen, Büros und Bordelle statt der gewohnten Smog- und Dunst-, eine Kunststoffglocke gestülpt wird. So sieht das Leben der Außenstehenden - ab nun beschränken wir uns in diesem Kapitel nur mehr auf „Fremde" und „Ausländer" - in der sie schützenden und fördernden demokratischen Gesellschaft aus. Es ist allerdings alles andere als leicht, unter einem Sturzglas, in einem politischen Naturreservat, wie die Bartgeier und Braunbären, zu leben. Um dieses Leben-aus-zweiter-Hand erträglich zu machen, genießen diese Menschen nicht nur die ihnen zugepumpte künstliche „frische Luft", sonderen auch den Ausdruck des „metaphysischen

Mythos", einer eigens geschaffenen „Identität", die genauso unnatürlich ist wie ihre künstliche „frische Luft".

Fassen wir diesen Gedankengang kurz zusammen: Während die Identität der Inländer eine gar nicht wahrgenommene, nur zu Krisenzeiten entdeckte Selbstverständlichkeit, eine in „guten Zeiten" zu vernachlässigende Größe ist, halten die Ausländer an ihrer gutteils selbstgeschaffenen künstlichen Identität als Mittel der Wir-Bewußtsein-Bildung eisern fest; für sie ist die „Identität" ihr tägliches Brot, für die Inländer der Schinken darauf.

Aus diesem und nur aus diesem Grund ist ein Wechsel der Identität nahezu unmöglich. In diese Richtung geht auch die sozialwissenschaftliche Theorie: „Gruppenidentität ist keine statische Kategorie. Ebensowenig wird sie von der subjektiven Komponente bestimmt - ein Individuum sucht sich seine Identität nicht aus; die freie Auswahl der Identitäten ist eine juristische Vorstellung und bedeutet vielmehr, daß sich das Individuum zu der Identität offen bekennt, die ihm für einen Zeitraum oder für die Dauer seines Lebens ‚mitgegeben' wurde." (Hakan Gürses)

„Ethnische Identität ist ... nur in einem Gruppenkontext möglich, ein Individuum kann keine ethnische Identität haben, es kann sich höchstens mit einer ethnischen Gruppe oder ihrem politischen Anliegen identifizieren, die Unterschiedlichkeit der Gruppe teilen und dies als Teil seiner Selbstdefinition verstehen." [Bernhard Perchinig: „Ethnizität, Minderheit, Assimilation: einige kritische Anmerkungen", in Rainer Bauböck u. a. (Hg.): „... Und raus bist du! Ethnische Minderheiten in der Politik", Wien, 1988]

Xenophilotiker fordern unter anderem auch (zumindest) das kommunale Wahlrecht für Ausländer. Bevor wir uns mit diesem Anliegen der „Ausländerliebenden" beschäftigen, werfen wir einen kurzen Blick auf die einschlägigen Statistiken:

Die genaue Zahl der Ausländer kann in Österreich, bedingt durch den Anteil der Illegalen, nicht genau erfaßt werden. Die jüngste Volkszählung des Österreichischen Statistischen Zentralamtes (1991) weist 517.690 „ausländische Staatsbürger in Österreich“ auf. Wichtiger als diese Zahl ist die horrende Steigerung zur vorletzten Volkszählung (1981): + 75 Prozent(!). Das Gros der Ausländer (drei Fünftel) kommt aus Ex-Jugoslawien und aus der Türkei; der Rest - inklusive Staatsbürger aus den Ländern der Dritten Welt - bildet nur eine marginale Größe. Entsprechend der hohen Zuwachsrate stellten jüngst die Statistiker fest, daß nur 12 Prozent aller Ausländer bereits vor 1970 in Österreich lebten.

Integrationserschwerend ist nicht nur die hohe Zuwachsrate der ausländischen Neuzugänge, sondern auch ihr relativ niedriges Schulbildungsniveau. Ein statistischer Vergleich zwischen der Schulbildung der Österreicher und der Türken und Ex-Jugoslawen zeigt uns die entsprechende Relation:

Abgeschlossene Schulbildung	Österreicher	Türken und Ex-Jugoslawen
	(in Prozenten)	
Pflichtschule	24,3	68,9
Lehrabschluß	42,8	23,3
Mittlere (Fach-) Schule	12,3	2,7
Berufsbildende höhere Schule	7,2	2,1
Allgemeinbildende höhere Schule	5,9	1,8
Universität	7,5	1,2

Entsprechend dieser Statistik finden wir die meisten Türken und Ex-Jugoslawen unter den Hilfs- und den angelernten Arbeitern, vor allem in den Dienstleistungsberufen (knapp unter 30 Prozent) und in der Grundstoffindustrie (13 Prozent); hoch ist der Ausländer-Anteil aus den beiden Ländern in den Fertigungsberufen (fast 30 Prozent) und in der gesamten Bauwirtschaft (ca. 18 Prozent). Über 60 Prozent aller Beschäftigten in Industrie und Gewerbe kommen aus der Türkei und aus Ex-Jugoslawien; der Inländer-Anteil beträgt hier weniger als 35 Prozent.

Unterschiedlich ist das legale Einkommen dieser Ausländer (zahlreiche Türkinnen und Ex-Jugoslawinnen sind illegale Arbeitskräfte im privaten Haushaltsbereich): Das monatliche Nettoeinkommen der Ausländer bewegt sich unter 10.000 Schilling, das ihrer inländischen Kollegen um fast 12.000 Schilling.

Im Schatten dieser - und auch anderer - Statistiken wird (auch) in Österreich die politisch-ideologische Diskussion um die Einführung des Ausländerwahlrechts geführt. Der Wiener Politologe Thomas Weninger faßt in seiner Arbeit („Kommunales AusländerInnenwahlrecht", in: „SWS-Rundschau" 4/1994) die wichtigsten Pro- und Kontraargumente zusammen: „Die BefürworterInnen des kommunalen AusländerInnenwahlrechts begründen ihren Standpunkt insbesondere mit folgenden Argumenten: Der Ausschluß vom Recht der politischen Mitbestimmung in den die Menschen unmittelbar treffenden Entscheidungen kommt einem Verstoß gegen das demokratiestaatliche Prinzip gleich. Gerade die Beschlüsse der Gemeindeorgane betreffen auch die AusländerInnen unmittelbar, wie etwa im Bereich der Stadtplanung, der Erziehung oder der lokalen Abgaben." Weiters führt der Autor aus, daß es, neben der Teilnahme am wirtschaftlichen und sozialen Leben, den Ausländern ermöglicht werden sollte, am politischen Leben jener Kommune Anteil haben zu können, in der sie ihren Wohnsitz hätten. Außerdem sei es aus demokratiepolitischer Sicht wünschenswert, daß sich die Bürger am politischen Leben jener Gemeinde betätigen, in der sie ansässig seien, unabhängig von ihrer eigentlichen Staatsbürgerschaft. Damit wären sie allerdings auch gleichzeitig in einer (fernen) Gemeinde wahlberechtigt, in der sie (zur Zeit) nicht aufhältig seien, aber deren staatsrechtlicher Bürger sie wären. Anschließend vergleicht der Autor: „So ermöglicht zum Beispiel die derzeitige rechtliche Situation in Spanien, daß ein Spanier Jahrzehnte in einer deutschen Gemeinde leben kann, ohne bei den Gemeindewahlen wahlberechtigt zu sein (aufgrund des deutschen Rechts), er kann sich jedoch weiterhin aufgrund des spanischen Rechts an den kommunalen Wahlen jener spanischen Gemeinde beteiligen, in der er zuletzt seinen Wohnsitz hatte."

Im Gegensatz zu diesen xenophilotischen Argumenten stehen die der Verneiner eines kommunalen Ausländer-Wahlrechtes: Sie führen gegen die Einführung des Ausländerwahlrechtes auf Gemeindeebene an, „daß die Gemeinden die gleiche demokratische Legitimation haben wie die übergeordneten Ebenen im Staatsaufbau (Länder bzw. regionale Ebene, Bundesebene)". Die Begründung dafür läge in der Gleichheit der Wahlrechtsgrundsätze auf allen Ebenen, also Gemeinden, Länder und Bund, nach denen die politischen Vertreter gekürt würden. Außerdem beeinflußten alle Beschlüsse auf den Ebenen der Länder und des Bundes das Leben der Bürger in den Gemeinden genauso. Und in der Folge listet der Autor die befürchteten Konsequenzen auf: „Die Einführung des AusländerInnenwahlrechts auf kommunaler Ebene würde in diesem Sinne eine Herauslösung der Gemeinden aus dem demokratischen Staatsaufbau bedeuten und den demokratiestaatlichen Grundsätzen entgegenlaufen. Die GegnerInnen des Kommunalwahlrechts für AusländerInnen befürchten zudem, daß mit der Einführung des AusländerInnenwahlrechts die politischen Auseinandersetzungen des Heimatlandes in den jeweiligen Aufnahmestaat einfließen und zu neuen innenpolitischen Konflikten führen."

Das Wahlrecht jedes Menschen signalisiert seinen politischen Willen und ist der Ausdruck seiner „Dazugehörigkeit" zu einem bestimmten Staatsgebiet und sollte nicht am Anfang, sondern erst am Ende eines Integrationsprozesses stehen. So sieht es zumindest die Mehrheit, und daher ist auch diese Bestrebung der „Märtyrer-Wärter", jetzt in der Gestalt der Xenophilotiker, kontraproduktiv.

Die Forderung nach Einführung des kommunalen Wahlrechtes für Ausländer basiert auf der Überbetonung des „Ethnischen", hinter dem - so eigenartig es auch klingen mag - ein politischer „Links-Rassismus" versteckt ist. Wenn „... die Staatsangehörigkeit zum Ausdruck der ethnischen Identität nur eines Teiles des Staatsvolkes geworden ist, dann taugt sie eben nicht mehr, um Objekt und Subjekt der Staatsgewalt zu beschreiben." (Lutz Hoffmann: „Untertanen auf Zeit und auf Widerruf. Über die symbolische Bedeutung des Wahlrechts für ‚Ausländer'", in: „Blätter für deutsche und internationale Politik", 7, 1988). Die (Über-)Betonung der „ethnischen Identität" rückt diese Auffassung in gefährliche Nähe von rechtslastigen Begriffen wie das „Volksganze" einer „Blut-und-Boden"-(übel-)riechenden faschistischen Ideologie.

Keine „Umvolkung"

„Identität" - und das haben wir bereits ausgeführt - ist nur für die politisch „Schwachen" (Ausländer, Minderheiten, usw.) wichtig, nicht jedoch für Inländer und für die Majorität. Hiezu kommt noch, glücklicherweise, die demographische Praxis einer „durchmischten Nation". Statt einer rechtspopulistischen Warnung vor „Umvolkung" und „Überfremdung" zeigt die Wirklichkeit längst eine lebendige, farbenfrohe Kultur, die durch immer neue Elemente bereichert wird. Deshalb ist es sinnlos, vom politischen Rechts- oder Linksrand her gesehen, von der „ethnischen Identität“ eines Staates zu sprechen.

Das passive Wahlrecht ist die Möglichkeit, die politischen Repräsentanten in die gesetzgebenden Körperschaften zu entsenden. Dieses Recht können nur Menschen in Anspruch nehmen, die nicht nur eine - relativ - lange Zeit im Staatsverband verbringen, sondern ihr gesamtes Lebensinteresse von einem Land in das andere verlegen und sich mit ihrer neuen „Heimat“ voll und ganz identifizieren. Sie dokumentieren ihre Integration und Identifikation mit der Annahme der für sie neuen Staatsbürgerschaft. Auch hier sehen wir, wie die Praxis die Integration und die Identifikation mit einem bestimmten Staat die nebulose „ethnische Identität“ in die entrückte Welt der sozialwissenschaftlichen Theorien verdrängt.

So lange die EU nicht zu einem tatsächlichen Vereinten Europa führt, so lange unser Kontinent nur kulturelle und keine andere Eigenständigkeiten ihrer Teile (die heutigen Mitgliedstaaten) kennt, ist es töricht, die Grenzen der politischen Selbstbestimmung und Vollverantwortung Ausländern gegenüber zu öffnen.

Trotzdem: Die EU-Entwicklung wird auch in Österreich das Wahlrecht, zunächst auf kommunaler Ebene, aufweichen. Das derzeitige Wahlrecht auf Bundes-, Landes- und Gemeindeebene kann nur von österreichischen Staatsbürgern in Anspruch genommen werden. Eine Aufsplitterung der drei Gebietskörperschaften ist gegenwärtig nicht möglich. Das Bundesverfassungsgesetz bestimmt im Artikel 117, Absatz 2, unmißverständlich: „Die Wahlen in den Gemeinderat finden aufgrund des gleichen, unmittelbaren, geheimen und persönlichen Verhältniswahlrechtes aller Staatsbürger statt, die in der Gemeinde ihren ordentlichen Wohnsitz haben.“ Allerdings: Das Kommunalwahlrecht für EU-Bürger (Maastricht-Vertrag, Artikel 8b) ist ein „Bestandteil des gemeinschaftlichen Primärrechts“ (Thomas Weninger) und wird in absehbarer Zeit auch für Österreich bindend. So lange jedoch Österreichs Gastarbeiter-„Exportländer“ (Türkei und Ex-Jugoslawien) keine EU-Mitglieder sind, wird kaum jemand Angst vor dem kommunalen Wahlrecht von Deutschen, Franzosen und Niederländern, die in Österreich leben, Angst haben und auch die ohne Zweifel vorhandene „Ausländerfeindlichkeit“ der (Durchschnitts-)Österreicher wird nicht angeheizt. Aber nur so lange nicht!

In mehreren EU-Ländern, und auch das darf nicht verschwiegen werden, wird das Ausländer-Kommunalwahlrecht mit mehr oder weniger Erfolg bereits praktiziert, und zwar: in Dänemark, Finnland, Irland, Norwegen, Schweden und in den Niederlanden. Zwei Erfahrungswerte werden aus diesen Ländern gemeldet: Der relative Anteil der ausländischen Wahlberechtigten liegt weit unter dem der Inländer und in ihrem Wahlverhalten zeigen sie keine merklichen Unterschiede zu dem der jeweiligen Landes-Staatsbürger. „Schließlich haben ja die AusländerInnen in den wesentlichen sozialen und ökonomischen Fragen, wie zum Beispiel Beschäftigung, Steuern, Einkommen etc., dieselben Interessen wie die InländerInnen. Und - um es pointiert zu sagen - warum sollte etwa ein deutscher Christdemokrat in einer österreichischen Gemeinde plötzlich sozialdemokratisch wählen?“ (Thomas Weninger)

Die (berechtigte oder unberechtigte) Angst der Österreicher vor dem Kommunalwahlrecht der Ausländer betrifft keineswegs das ohnedies angestammte und mit hiesigem Verhältnis nahezu spiegelgleiche politische Verhalten der in Österreich lebenden Deutschen, sondern, gleichfalls pointiert formuliert, das unbekannte Wahlverhalten der bosnischen Kriegsflüchtlinge, die ohnedies nicht lange in Österreich bleiben wollen und der in Wien lebenden türkischen Bauern aus Ostanatolien. Wer diese psychologische

Grundkonstellation negiert, ist bestenfalls ein wohlmeinender Naivling, viel eher ein Xenophilotiker, der hoch oben auf der modischen „antirassistischen“ Welle schwimmt.

Im Gegensatz zu den neurotisch-übertrieben reagierenden Xenophilotikern sprechen sich Integrationsfreunde für eine Ausbildungs- und Beschäftigungsmöglichkeit der „zweiten Generation“ in den Gastarbeiterfamilien aus. Die Mitglieder dieser Generation ähneln, was ihre Probleme und Schwierigkeiten anbelangt, der zweiten Generation in den jüdischen Familien.

Die zweite Generation ist eigentlich eine kulturelle Zwischengeneration, die selten in zwei Kulturen und häufig in gar keiner lebt. Analog den Deklassierten vergangener Jahrzehnte und Jahrhunderte, neigen auch sie zu aggressiven (Trotz-)Reaktionen. „Wir sind dabei, uns einen Platz in der Gesellschaft zu erkämpfen. Das Problem dabei ist, daß alle von uns verlangen, wir sollen uns auf ihren Stuhl setzen. Niemand will erkennen und akzeptieren, daß wir uns unsere eigenen Möbel zimmern wollen.“ (Zitat aus: Eveline Viehböck und Ljubomir Bratic: „Die Zweite Generation - Migrantenjugendliche im deutschsprachigen Raum“, Österreichischer Studienverlag, Innsbruck 1994) Diese Klage eines jungen Türken sollte ernstgenommen werden. Allerdings: Wenn schon die „neuen Möbel“ nicht zu den „alten“ passen - ein gewisser Stilbruch sollte noch erlaubt sein -, so wäre es ratsam, nicht selbst zum „Fremdmöbel“ im Haus der neuen Heimat zu werden.

Mitglieder der zweiten Generation können mit dieser Einstellung keinen „Platz“ in der neuen (Un-)Heimat finden. Sie schließen sich daher in freiwilligen Ghettos ein. Die Genealogie der ethnischen Ghettos, die zum essentiellen Bestandteil der ethnischen Gemeinschaften geworden sind und ihre „Insassen“ mit totalitärem „Bewußtsein“ versorgen, läßt sich nicht auf die „Ausländerfeindlichkeit“ der

Mehrheit, sondern auf die ängstliche Unsicherheit der Neuzugewanderten zurückführen.

Während die General-Kausalität - nur die niedrige Assimilationsbereitschaft verursacht das Entstehen von Herkunfts-Enklaven - eindeutig gegeben ist, stören Intervall-Kausalitäten (Unterbrechung des Anpassungsprozesses), nur zu bestimmten Zeiten den Integrationsprozeß.

Die kulturelle Entwicklung der zweiten Generation hängt nicht nur von ihrer Beziehung zu den ethnischen Ghettos, sondern - viel mehr - von der generellen Ausländerpolitik der betreffenden Länder ab. Österreich nimmt in seiner Ausländerpolitik eine realpolitisch ausgewogene Mittelstellung zwischen der Praxis seiner Nachbarn (Deutschland und Schweiz) ein:

- Nach einer Politik der grundsetzlich verankerten „offenen Grenzen“ streben die Deutschen nach einer neuen Philosophie und glauben, diese in der „multikulturellen Integration“ gefunden zu haben. Sie haben sich aber geirrt: Dieser Weg ist ein Irrweg. „Je mehr ausländische Arbeitnehmer samt ihren Familien ‚integriert‘ werden sollten, desto mehr wurden sie zu ‚Ausländern‘ gemacht. Als solche konnte mit ihnen als ‚Ausländerfrage‘ politisches Kapital gemacht werden. Die undifferenzierte und gefährliche Vermengung mit der Flüchtlingsfrage (‚Asylantenschwemme‘) führte im Zusammenhang mit der Wiedervereinigung zu einem verstärkt ausländerfeindlichen Klima.“ (Viehböck/Bratic). Die zehnprozentige Ausländerquote - kaum höher als in Österreich - führt unter diesen ungünstigen Auspizien zu vermehrten Ausschreitungen gegen Ausländer.
- Die Schweiz kann ihre außerordentlich hohe Ausländerquote (26 %) nur durch eine rigorose Verweigerungspolitik des Schweizer Bürgerrechts und einer regressiven Integrationsmöglichkeit verkraften. Die harte Abgrenzung der vier Ausländerkategorien (Grenzgänger,

Saisonarbeiter, Jahresaufenthalter und Niedergelassene) und die kantonale Selbständigkeit verhindern das Entstehen von konsequenten und auch militanten Ausländer-Ghettos.

Die für Inländer wie für Ausländer humanste Politik betreibt Österreich. Einerseits wird der Zuzug - im gesamten und gemeinsamen Landesinteresse - gedrosselt, andererseits wird die Integration der in Österreich lebenden Ausländer seitens des Arbeitsmarktes erleichtert. Das neue Ausländerbeschäftigungsgesetz ermöglicht nicht nur den Erwerb der Arbeitserlaubnis durch die Arbeitnehmer (bisher blieb es nur den Arbeitgebern vorbehalten), sondern sichert auch einen leichteren Zugang zu den Befreiungsscheinen, die eine de facto Gleichstellung der inländischen und ausländischen Arbeitnehmer ermöglicht.

Über die spezifische Situation der „zweiten Generation" hinaus, die sowohl in türkischen wie auch in ex-jugoslawischen Familien das traditionelle Element in der gesamten Familie relativ stark beeinflussen, haben wir - mittels qualitativer Befragungen - ein Eigenschaftsprofil dieser in Wien lebenden Familien erstellt. Da wir nur 12 türkische und 21 ex-jugoslawische Familien befragten, erhebt diese Untersuchung keinen repräsentativen Charakter. Trotzdem sind die hier gewonnenen Analysen interessant, da sie die Gesamtsituation von zwei Seiten her beleuchten: Die Befragten haben in sieben Bereichen („Eigenschaften") sowohl ihre österreichische Umgebung als auch sich selbst subjektiv beurteilt.

Die hier wiedergegebenen Werte sind Teil einer größeren, langjährigen Untersuchung, mit deren Hilfe wir die Assimilationsbereitschaft und die Integrationsmöglichkeit der Ausländer, bzw. der „neuen Österreicher" hinterfragten. So stand im Mittelpunkt unserer Untersuchung der *„Assimilations- und Integrationsfaktor" (ASI).* Wir waren bemüht, diesen Faktor auch wertmäßig auszudrücken und nannten das Ergebnis *„ASI-Quotient"*. Differenziert auf Selbst- und Fremdbeurteilung, konnten wir (auch) bei Türken und Ex-Jugoslawen mit Hilfe einer Durchschnittsnotenskala (1 = „sehr stark" bis 5 = „sehr schwach") unter anderem feststellen:

Eigenschaften	Selbstbeurteilung		Fremdbeurteilung	
	Türken	Ex-Jugoslawen	Türken	Ex-Jugoslawen
Profitorientiert	5	3	2	3
Österreichbewußt	5	2	4	4
Traditionsbewußt	1	4	5	3
Flexibel	5	2	3	3
Sozial	1	2	5	4
Sympathisch	1	3	2	1
Großzügig	1	4	4	1

Die divergierende Meinung zwischen Türken und Ex-Jugoslawen in der Selbst- („So sind wir!") und in der Fremdbeurteilung („So sind die Österreicher!") zeigt auch die jeweilige emotionale Nähe zur „neuen Heimat", die nicht immer als solche angesehen wird. Was die „Profitorientierung" („Geschäftstüchtigkeit", „materialistische Einstellung") anbelangt so sind die befragten Türken davon überzeugt, daß diese Eigenschaft in ihren Reihen nur „sehr schwach" ausgeprägt ist. Im Hinblick auf die vielen türkischen Geschäfte und Restaurants, aber auch in der vollen Ausnutzung der Palette der sozialen Sicherheit, wie das einschlägige Erfahrungen zur Genüge zeigen, entspricht die Selbstbeurteilung der Türken keineswegs der Tatsachen. Xenophilotiker würden diese Diskrepanz nie akzeptieren und berufen sich dabei auf die ohne Zweifel vorherrschende schlechte Wohnsituation türkischer Familien. Realistischer urteilen auch in dieser Beziehung die ehemaligen Jugoslawen, welche die „Profitorientierung" gleich schwach in den eigenen Reihen wie in denen der Österreicher sehen. Auch diese Werte zeigen die Nähe der Ex-Jugoslawen und die Ferne der Türken zur österreichischen Gesellschaft.

Selbstbewußte Türken

Das nationale Selbstbewußtsein ist bei den Türken, wie nicht anders zu erwarten, sehr stark ausgeprägt; sie beurteilen sich selber als „sehr sympathisch" und „sehr großzügig". Die von uns befragten Ex-Jugoslawen zeigen in diesem Zusammenhang bereits eine stark ambivalente Position: Als Folge des tobenden Bürgerkriegs in ihrer ehemaligen Heimat fühlen sie sich selbst verunsichert und begeben sich in die Stellvertreterfunktion der Kritikadressaten, indem sie sich für die (Un-)Taten ihrer Landsleute verantwortlich fühlen. Das zeigt sich auch in der negativen Selbst- und in der positiven Fremdbeurteilung was „Sympathie" und „Großzügigkeit" anbelangt. Ihr völlig unbegründetes „schlechtes Gewissen" rüttelt sehr stark am Selbstwertgefühl.

Die ehemaligen Jugoslawen sind im heutigen Österreich die sozialen „Einsteiger" mit einem Dritte-Klasse-Ticket in der Hand. Die einstige Funktion der böhmischen Ziegelarbeiter, die um die Jahrhundertwende die unteren Schichten der österreichischen Gesellschaften füllten, übernehmen jetzt vor allem Kroaten und Serben.

Wir können es mit großer Wahrscheinlichkeit annehmen, daß bereits die dritte Generation der nach Wien zugewanderten Südjugoslawen, die psychologisch verständliche, wenn auch moralisch zu verurteilende Funktion der Ausländer- und Fremdenhasser genauso übernehmen werden, wie das die Kindeskinder der böhmischen und mährischen Zugewanderten vor und nach dem Zweiten Weltkrieg pflegten. Genauso wie die „Märtyrer-Wärter" auf der einen Seite, werden auch die Fremdenfeinde auf der anderen Seite von ihren (Minderwertigkeits-)Komplexen beherrscht und gelenkt.

Beängstigend und tragikomisch hört sich die fremdenfeindliche Meinung der „neu-deutschen" TV-Interviewten nach den Wahlsiegen der Republikanischen Partei an. Menschen, die nicht nur mit der deutschen Sprache ihre liebe Not haben, sollten sich nicht so vehement gegen „unkontrollierte Zuwanderungen" aussprechen. Obwohl auch diese Reaktion psychologisch verständlich ist - denken wir nur an die Reaktion der Passagiere öffentlicher Verkehrsmittel, wenn bei der nächsten Haltestelle „Neue" einsteigen wollen - kann sie moralisch nicht akzeptiert werden.

„Xenophilotiker" wollen hinter dem geringsten Konflikt mit Ausländern „Rassismus", „Ausgrenzung", „Ablehnung" sehen. Hingegen zeigen zahlreiche Untersuchungen aus den drei deutschsprachigen Ländern - siehe dazu zum Beispiel die „NZZ-Folio": „Fremdenangst, Fremdenhass" der „Neuen Züricher Zeitung" (6/1992), daß über 80 Prozent aller Befragten „fremdenhasserischen Terror" eindeutig ablehnen. Diese Erhebungen zeigen auch, daß rund 15 Prozent der Inländer ein gewisses „Verständnis" für fremdenfeindliche Ausschreitungen haben. Einmütig stark in Österreich, in Deutschland und in der Schweiz ist die Angst vor einer unkontrollierten Ein- und Zuwanderung; so vertritt jeder zweite Alpenrepublikaner, Bundesbürger und Eidgenosse die „Boot-ist-voll-Politik" mit ihrer asyl- und ausländerzurückweisenden Praxis.

„Aus solchen Zahlen schon blanken Rassismus herauszulesen, würde allerdings in die Irre führen", meint Claudia Kühner („NZZ-Folio"). Genau diese Irrmeinung vertreten die „Xenophilotiker", die mit ihren medienunterstützten „Grenzen-auf!"-Bestrebungen nur die ohnedies vorhandenen Abwehrreflexe der „Bootsinsassen" fördern.

So sehr wir die xenophilotische Naivität ablehnen, wäre es grundfalsch, die Fremdenangst oder auch den Fremdenhaß in unseren Ländern zu negieren. Zahlreiche Beispiele zeigen jedoch, daß Abschottungswünsche und das Bedürfnis nach Dichtmachen „gefährdeter Grenzen" mondial ist.

Wie die „Shoatiker", so sind auch die „Xenophilotiker" keine wirklichen Helfer der Juden, bzw. der Ausländer. Sie entfernen sich im Prinzip genauso wie die Fremdenfeinde und die Antisemiten von den eigentlichen „Objekten" ihrer neurotischen „Begierden". Im Gegensatz zu den „Rom-Antikern" - leider helfen auch direkte Kontakte mit Zigeunern nicht und tragen nur selten zum Abbau der Vorurteile bei - wird die (kontraproduktive) Tätigkeit der „Shoatiker" und „Xenophilotiker" überall dort gegenstandslos, wo es direkte Kontakte zwischen Inländern mit Juden, bzw. mit Ausländern gibt. Aus Erfahrung wissen wir, daß „genauere Kenntnisse des Fremden (...) zum Abbau feindlicher Gefühle (...) führt." (Claudia Kühner)

„Xenophilotiker" scheuen - genauso wie ihre Gegner, die Rassisten und rechtsextremen Populisten - die direkte Auseinandersetzung mit den „gegnerischen" Aspekten. Wer Ausländern helfen will, der sollte sich „mit dem Unbequemen überhaupt auseinander(...)setzen." (Claudia Kühner) Erst der direkte Kontakt mit den fremden Kulturen baut das eigene Angstpotential ab.

„Angst" ist keine Einbahnstraße, sie wird genauso nach außen projeziert, wie nach innen suggeriert. Pathologische „Fremdenhasser" („gesunde" Hasser sind fast immer in der Lage, die eigenen Gefühle zu kontrollieren) lehnen auch sich selbst ab, leiden oft unter schmerzenden Minderwertigkeitskomplexen. Diese „Zweiweg-Angst" ist auch in der Ausländer- und Asyl-Szene nichts Unbekanntes. Es ist nicht so sehr die realistische Furcht vor Skins und Neo-Nazis, sondern die Schwellenangst, die eigene Kultur, die zu Schutz- und Trutzburg aufgebauten freiwilligen Ghettos, zu verlassen. Integrationsexperten, soweit sie keine neurotischen „Xenophilotiker“ sind, müssen hier ansetzen.

„Xenophilotiker“ sind nicht bereit, diesen Weg der kulturellen Verschmelzung zu gehen. Ihr gedanklicher Trugschluß ist leider nicht ungefährlich: Sie predigen „Integration“ und meinen „Integrität“, die Beibehaltung der Eigenständigkeit der einzelnen (Minderheiten-)Kulturen. Um ihre Hauptfeindin, die „Assimilation“, zu bekämpfen, verbrüdern sich die „Xenophilotiker“ mit ihrem Widerpart, den Rassisten.

Nach Holocaust- und Kriegsende hoffte man, den Rassismus in Europa und in Ostasien (Japan) endgültig begraben zu haben. Aus dem einst gescheiterten „Völkerbund“ entstanden die gescheiten Vereinten Nationen, die sich bald bemühten, auf intellektueller Ebene den Rassismus und damit den „Kultur-Krieg“ zu begraben.

Aus dem recht flachen Graben des faschistisch-imperialistischen Rassismus wuchs jedoch der neue, „differentielle Rassismus“ (so der französische Politologe Pierre-Andrè Taguieff), bzw. der „Rassismus ohne Rassen“ (so der Pariser Philosoph Etienne Baliber). Dieser neue Rassismus strebt nach der „Reinheit der eigenen nationalen Kultur“ (formuliert der Schweizer Ethnologe Andreas Wimmer). „Xenophilotiker“ haben diese fundamentalistische Forderung aus den Mutterländern („Algerien der Algeriern!“, „Kroatien der Kroaten!“ usw.) naiv-bereitwillig in die westeuropäischen Länder transferiert, wo sie sich gegen jedwede Assimilation der Algerier in Frankreich, der Kroaten in Österreich stemmen. Vorkämpfer und Nach(nicht)denker dieser unheilvollen Allianz zwischen Rassisten und „Xenophilotikern“ lehnen sich vehement gegen jedwede kulturelle Verschmelzung und gegenseitige Bereicherung der Mehrheits- und der Minderheitenkultur auf.

Das einzige taugliche Mittel gegen den bösen Rassismus und den naiven „Xenophilotismus“ ist der wirtschaftliche Wohlstand. Schwindet dieser, so greifen die verängstigten Menschen nach politischen Ersatzleistungen; die Ausgrenzung Andersseiender führt die Hitliste der Inhumanität an.

Viele führende Soziologen in Amerika (Immanuel Wallerstein), in der Schweiz (Peter Heintz), in Deutschland (Herbert Even) vertreten einen linkisch-„xenophilotischen" Standpunkt, indem sie in den „armen" Unterschicht-Ausländern moderne, wenn auch sozialversicherte „Arbeitssklaven" sehen, die auf eine Phalanx der einheimischen Nationalkultur stoßen. Ihnen wird die „kulturelle Eingliederung" (indirekt) durch den großen „Assimilationsdruck" (Andreas Wimmer), der auf ihnen lastet, unmöglich gemacht.

Der „xenophilotisch"-verhaßte „Assimilationsdruck" signalisiert keine Abwertung der Ausländer, sondern im Gegenteil, eine hausgemachte Gleichstellung. Wer diese „Eintrittskarte" in die Mehrheits-Kultur ablehnt, degeneriert sich selber zum „Fremdkörper". Genau diesen inhumanen Weg verfolgen die „Xenophilotiker", diese unerbittlichen Freunde des ewigen Fremdseins.

Wohlstand und Fremdenakzeptanz - die eigenständige Art der besonderen Toleranz - stehen in einem besonders engen Verhältnis zueinander; nimmt der eine ab, schwindet die andere in vestärktem Maße. Deshalb werden die Wohlstandsindikatoren auch in der Sozialpsychologie besonders beachtet: „Sie zeigen, daß in gesellschaftlichen Krisenlagen die Situationsdefinitionen der Individuen umkippen: Sie bemühen sich nicht länger als einzelne unter - auch fremden - einzelnen um ihr Fortkommen, sondern sehen sich nun als Gruppenmitglied zu anderen Gruppen in Konkurrenz gesetzt. Diese Wahrnehmungsverschiebung entsteht aus der Verfestigung von Vorurteilen und soll Identität und soziale Position sichern helfen." (So der US-Sozialpsychologe Henri Tajfel.)

Rassismus ist einerseit ein Rückfall in die vor-aufkläreri-sche Zeit, andererseits - über den Umweg des Nationalismus und Faschismus - sein Sprößling. Das wirkliche Gegengewicht zum Rassismus ist weder die Aufklärung, noch der „Xenophilotismus“, sondern die *konfessionsfreie Religion*, die in allen Menschen „Gottes-Geschöpfe“ sieht. Bis zu diesem Punkt ging auch die Aufklärung mit. Erst nachdem sie Gott aus der Welt der Ratio kippte, verließen die Vernunftanbeter den Boden der prinzipiellen Menschen-Gleichheit und rutschten gottverlassen in den Abgrund von Nationalismus, Faschismus und Kommunismus ab.

Die Shoatiker oder: „Mimosaisch" ist keine Religion

„Siehst du", sagte mein Vater zu mir, „die wissen zumindest, warum sie verfolgt werden ..." und zeigte auf eine Gruppe von typischen chassidischen Juden, die durch die nächtlichen Straßen von Budapest in Richtung Auschwitz getrieben wurden. Sein zweiter Satz - „Aber warum wir ...?!" - blieb unausgesprochen. Er hatte ihn sich nur gedacht. Auch ich, der damals achtjährige Schüler, den man hochkarätig aus der Evangelischen Schule gefeuert hatte, obwohl er seit seinem zweiten Lebensjahr „Lutheraner" war, starrte verständnislos auf seinen aufgenähten „Judenstern".

Wir wetteiferten mit unseren - gleichfalls „getauften" - jüdischen Freunden jede Weihnacht um die Ehre, den größten Weihnachtsbaum (die für getaufte Juden gnädige ungarische Sprache kennt den Begriff des „Christbaums" nicht) unser eigen zu nennen.

Und kaum war der Heilige Abend vorbei, setzten wir uns - wie es die assimilierten Juden zu tun pflegen - erneut zwischen alle Stühle: „Juden" waren wir längst nicht mehr, „Christen" durften wir nicht sein und „Ungarn" schon überhaupt nicht.

Was, um Himmels Willen, sollten wir denn sein ...?

Die „Anpassungs-Juden", eine vielleicht wenig schmeichelhafte Formulierung für gescheiterte „Assimilanten", haben ihre eigenen, selbstgebauten Fallen tief in die Erde gegraben und sie bequem-behaglich ausgestattet.

Mit viel Geld und wenig Gefühl haben wir die Falle nach oben geschlossen und uns in diesem (leider gar nicht raffinierten) Pracht-Fuchsbau erleichtert niedergelassen. Wer hätte es sich schon gedacht, daß die goldverzierten Tafeln am Fallen-Eingang - „Hier wohnen ex-jüdische Neo-Protestanten, die sich für weihnachtsbaumgeschmückte ‚gute Ungarn' halten!" - alle Verfolger magisch anziehen?

Mit schlafwandlerischer Sicherheit bauten wir nicht nur an unseren Fallen, sondern höhlten auch das eigene Bewußtsein aus: Bewußt, daß „Gesetz" und „Gesellschaft" im Judentum (nahezu) identisch sind, legten unsere (unmittelbaren) Ahnen als erste ihr Glaubens-Gewand ab. Diese verhängnisvolle Aktion kommt einer psychischen Entleibung gleich, da sich die assimilationswilligen Juden mit ihrer Religion auch ihrer gesellschaftlichen Position entledigt haben. (Das trügerische Gefühl, damit eine neue Religion und eine bessere Position in der Gesellschaft zu ergattern, wurde recht bald tödlich-bitter enttäuscht.)

Die vereinzelt verzweifelten Anpassungs-Juden machen für Pogrome und Antisemitismus (zumindest teilweise) ihre ehemaligen Glaubensgenossen, die treu zu Tora und Talmud stehen, (mit-)verantwortlich. Gutes Beispiel für diese Einstellung liefert uns die deutsch-amerikanische Politologin und Philosophin Hannah Arendt: Sie gibt zwar nicht den Juden die Schuld für die Feindseligkeit, mit der man ihnen zu verschiedenen Zeiten und an verschiedenen Orten begegnete, aber ruhig und leidenschaftslos betont sie, daß diese Feindseligkeit oft verständlich war. Sie will die Ansicht nicht akzeptieren, daß die Juden völlig willkürlich zu Sündenböcken für wütende Leidenschaften gestempelt wurden. Sie will auch nicht akzeptieren, daß der moderne Antisemitismus schlicht eine Fortsetzung des uralten Konflikts zwischen den Juden und Nichtjuden ist, ohne irgendwelche besondere und beschleunigende Umstände. Arendt betrachtet eigentlich beide Ansichten als den Juden abträglich, denn dadurch werden sie von ihrer eigenen Verantwortung für den Platz, den sie in der Welt einnehmen, entbunden. (Siehe dazu: Derwent May: „Hannah

Arendt - eine bedeutende Repräsentantin deutsch-jüdischer Kultur", München 1990.)

Noch deutlicher formuliert in dieser Richtung Peter Landesmann: „Zur Verbreitung des Antisemitismus nach dem Ersten Weltkrieg in Österreich hat nicht zuletzt die große Zahl der aus Galizien vor den Kriegshandlungen in die Hauptstadt geflüchteten orthodoxen Juden beigetragen. Sie wurden durch ihren Habitus eindeutig als Fremde angesehen und nährten so antisemitische Gefühle. Diesen Antisemitismus bekamen dann die assimilierten Juden zu fühlen." Und er erklärt: „Die letztere Gruppe war daher ihren galizischen ‚Brüdern' gegenüber alles andere als brüderlich eingestellt. Manche teilten sogar die antisemitischen Gefühle der Nichtjuden unter der Bedingung, daß diese nur auf die orthodoxen Juden mit Schläfenlocken und Kaftan beschränkt blieben." („Die Juden und ihre Widersacher", München, 1989)

Waren also nur die „Schläfenlocken" und der „Kaftan" schuld am Antisemitismus und nicht auch vielleicht so manche Kaufleute und Industrielle, deren geschäftliche Methoden alles andere als astrein waren? Oder glaubten diese Anpassungs-Juden, daß sie mit dem Ablegen von „Schläfenlocken" und „Kaftan" mit den Schon-immer-Katholiken und -Protestanten gleichziehen könnten?

Aus einem Paria wird nie ein „Arier"

Die europäischen Juden der Zwischenkriegszeit haben es ihren Gegnern nicht sonderlich schwer gemacht. Das hat als eine der ersten Hannah Arendt erkannt:

„Die antijüdischen Gefühle entsprachen nicht genau jenen, die Hitler später zum Ausdruck brachte und im deutschen Volk entfachte; aber daraus entwickelte sich ein europäisches Erbe der Feindseligkeit, das für Hitler den Weg bereiten half. Und die Juden schützten sich als Gruppe nicht gegen eine solche Feindseligkeit, denn sie waren gespalten ..." Dann führt die Autorin aus: „... in jene erfolgreichen Juden, die immer noch eine Rolle in den oberen Schichten der Gesellschaft spielen wollten (aus vielen von ihnen wurden tatsächlich großartige Künstler und Denker), und in die Mehrheit, die sich auf ihre Traditionen zurückzog und am politischen oder gesellschaftlichen Leben des Landes, in dem sie wohnten, keinen Anteil nahm." (An dieser Stelle trifft Hannah Arendt ihre wichtige Unterscheidung zwischen Parvenüs und Parias. Wir haben auch bereits gesehen, daß sie den Juden den Mangel an politischen Gespür im Zweiten Weltkrieg noch immer anlastete.)

„Parvenüs" oder „Parias" - keine sehr schmeichelhafte Wahlmöglichkeit für europäische Juden.

Politischer Weitblick und gesellschaftliches Feingefühl gehörten so gut wie nie zum Instrumentarium der Anpassungsjuden. Auch nicht in Amerika. So nahmen z. B. maßgebende links-intelektuelle US-Juden Hannah Arendt übel, daß sie in ihrem Standardwerk („The Origins of Totalitarianism") keinen allzu großen Unterschied zwischen Hitler und Stalin machte. Vor allem war Arendt nicht bereit, von den deutschen Juden ein „besonders freundliches oder gar heroisches Bild" (Derwent May) zu zeichnen.

Kein Wunder.

(Eine Vorentschuldigung vor den deutschen Juden: Auch ihre anpasserischen Schicksalsgenossen in Wien, Prag oder Budapest waren nicht viel anders).

Die amerikanischen Juden haben es - da ihr Land keine einheitliche ethnozentrische Historie kennt - immer schon besser gehabt als die europäischen. „Hier mußte sich ein Jude nicht zwischen Parvenü oder Paria entscheiden: Er konnte amerikanischer Staatsbürger sein und trotzdem, ohne dadurch in einen Konflikt zu geraten, auch seiner Abstammung treu bleiben." (May)

Das politische Schicksal der Anpassungs-Juden spiegelt die gesellschaftliche Problematik von Habenden und Nichthabenden wider. Menschen, die nichts haben - z. B. keinen Staat -, müssen sich gar nicht so selten mit kleineren Problemen als die Habenden auseinandersetzen. So durften z. B. Staatenlose (auch Juden) 1935 in Frankreich bleiben, während der Pariser Premier Pierre Laval die Ausländer, die sehr wohl über eine Staatsbürgerschaft verfügten, aus dem Land jagte.

So ist aus dem Nichts ein Ziel geworden.

Die Mehrfach-Zerrissenheit ist die größte Tragik der Anpassungs-Juden, mit der sie sich unweigerlich in ein soziologisch-politisches Niemandsland katapultieren. Beweise gibt es genügend: Eingeklemmt zwischen ihren gegenwärtig ausgezeichneten ökonomischen Situationen und der (künstlich aufrechterhaltenen) Vergangenheitsbedrohung (Holocaust) haben sie Angst, sich wohl zu fühlen. Auch die zwiespältige Haltung zu Israel (geliebte fremde Heimat mit faschistoidem Beigeschmack) vermehrt die ohnedies schwerbeladenen Gewissenshypotheken. Selbst für die österreichischen Juden so fremde Ereignisse wie die Unabhängigkeitserklärung Litauens belastet sie: Da die Verfolgten sie zu idealistischen Humanisten verformte, wünschen sie einerseits dem litauischen Volk viel Glück auf dem Weg zur Selbständigkeit und andererseits erinnern sie sich schaudernd an die brutalen Morde im Wilnauer Ghetto; im kurzen Interregnum zwischen Russen und Deutschen ermordeten die Litauer zehntausende Juden.

Diese Liste der zwiespältigen Gefühle ist unendlich lang, und sie soll die soziologische (psychologische, politische, aber auch die philosophische) Niemandsland-Tragik dieser Juden demonstrieren.

Gibt es einen Ausweg aus dieser verzwickten Situation? Einen einzigen gibt es sicherlich nicht; dafür mehrere, je nach Tradition und Temperament begehbare Wege, die zwar nie zu einem endgültigen Ausgang führen, dafür das Ende der Sackgasse optimal verlängern:

- *Religion:* Die Befolgung des „Gesetzes", seine Bereicherung mit religiös-individuellen Aspekten und Akzenten, und vor allem die Wiedergewinnung der Autonomie und Freiheit der Religion, mit gleichzeitigem Abbau erstarrter Mechanismen, kann, zeitgemäß zubereitet, genossen werden. Sie liefert, wie jede Religion, eine nicht zu unterschätzende psychische Stärkung.
- *Nationalismus:* Im Schatten der alles anderen als sympathischen Begleiterscheinungen der aufbrechenden Nationalismen zwischen Preßburg und Peking steht die Sympathie mit Israel, wenn auch oft mit gemischten Gefühlen und leichtem Bauchweh im Mittelpunkt der neuen jüdischen Identität.
- *Volkswerdung:* Das „jüdische Volk" - so sehr nicht-religiöse, in der Diaspora lebende Juden an dieser Fiktion auch festhalten - läßt sich kaum realisieren, da seine (nahezu einzige) Nahrung der Antisemitismus ist. Da sich Juden auf den Antisemitismus verlassen können, erstrahlt diese wunderschöne Fata Morgana immer wieder in prachtvollen Farben. Sie bleibt aber eine Fata Morgana.

Die beiden Begriffe Angst und Assimilation prägen am besten die Anpassungs-Juden in ihrem soziologischen Niemandsland: Die Angst vor Verfolgung (in Krisenzeiten) und vor der Nicht-Akzeptanz (in Friedenszeiten) sind das dominierende, oft lähmende, manchmal auch anspornende Gefühl heutiger Juden, die an der selbsttäuschenden Fiktion der Assimilation festhalten.

Die geistige Unruhe als Folge dieser jahrhundertalten spezifisch jüdischen Situation hält den jüdischen Intellekt zwischen Psychoanalyse, Relativitätstheorie und Loreley aufrecht. Die Befürchtung, daß man eines Tages die Juden in Ruhe läßt und ihrem dynamisch-dialektischen Geist dadurch die Nahrung nimmt, bleibt auf lange Sicht völlig unbegründet.

Der größte Gegner der (jüdischen) Assimilation ist der Antisemitismus, der in Österreich nicht nur weniger als in vielen anderen Ländern ausgeprägt ist, sondern in der xenophobischen Reihe einen ziemlich niedrigen Stellenwert besitzt. Auf die Frage des österreichischen Gallup-Institutes (1991) - „Wen wollen Sie lieber nicht als Nachbarn?" - wurden auf einer neunteiligen Negativ-Liste die „Juden" erst an sechster Stelle, hinter Zigeunern, Serben, Türken, Polen und Rumänen, genannt.

Noch weiter unten auf der Negativ-Liste rangieren die Juden bei der zweiten Gallup-Frage, „Wer fordert durch ihr Verhalten Feindseligkeiten heraus?" Die Juden nehmen hier die vorletzte Stelle ein. Nur die „Deutschen" schneiden besser als die Juden ab, während Serben, Türken und Polen diese Liste der Ablehnungen anführen.

Eine der Kernfragen des Antisemitismus ist der vermeintlich „große Einfluß" der Juden. Daher ist die Gallup-Frage („Glauben Sie, daß die folgenden Gruppen in unserem Land zuviel/zuwenig/gerade den richtigen Einfluß haben?") so interessant. Die Reihe der Gruppen, die auf Grund der Bevölkerungsmeinung „zuviel Einfluß" ausüben, sieht so aus:

- Politiker (62 %)
- Parteien (59 %)
- Beamte (46 %)
- Journalisten (44 %)
- Interessenvertretungen (36 %)
- Amerikaner (34 %)
- Japaner (31 %)
- *Juden* (28 %)
- Unternehmer (28 %)
- Deutsche (25 %).

Wir sehen also, daß die Juden auch hier eine eher „harmlose" Position einnehmen. Immerhin 48 Prozent glauben, daß die Juden einen „gerade richtigen" Einfluß ausüben und 7 Prozent behaupten sogar, daß ihr Einfluß „zuwenig" ist.

Diese, eher distanzierte und keineswegs generell ablehnende Einstellung der heutigen Österreicher spiegelt - im großen und ganzen - die analoge Situation vor 1938 wider. Deshalb war die Assimilationsmöglichkeit der Juden zwischen Boden- und Neusiedlersee immer schon relativ hoch.

Interessant ist die zeitvergleichende Gallup-Frage, als „Meinung" deklariert: „Juden haben im Laufe der Geschichte viel Unheil gestiftet." Diese „Frage" wurde dreimal (1976, 1982 und 1991) vorgelegt. Signifikant ist die zeitliche Entwicklung bei denen, die mit „... stimmt eher" geantwortet haben:

- 1976: 20 %
- 1982: 18 %
- 1991: 27 %.

Der langandauernde Nachklang der „Waldheim-Affäre" zeigt die steile Zunahme (von 18 auf 27 Prozent) der Judenablehner.

Meinungsumfragen - und das kennen wir vor allem wahlenbedingt - sind mit Vorsicht zu genießen, da sie immer nur die jeweilige, subjektiv gefärbte Meinung der Gefragten widergeben. Daher sollten wir eher langjährigen Trends vertrauen. Erst recht bei solch sensiblen Themen wie das der Antisemitismus ist.

Auch hinter diesen (nüchternen) Zahlen verstecken sich Not, Angst, aber auch Aggression, die jedwede jüdische Assimilation verzögern. So entsteht eine ungute Wechselbeziehung. „Ebenso treffsicher-arrogant, wie der Antisemit sich das Recht anmaßt, zu bestimmen, ‚wer ein Jude ist', glaubt auch fast jeder Jude zu wissen, ,wer Antisemit ist'. ... Daß hier auf jüdischer Seite ein gerütteltes Maß an Verfolgungswahn mitspielt - wen wundert's bei der wahnwitzigen Verfolgungsgeschichte der Juden?" Der Schriftsteller und Politologe Dr. Rafael Seligmann, der diese Sätze in seinem Buch, „Mit beschränkter Hoffnung" (Hoffmann und Campe), niederschrieb, kennt aus eigenem Schicksal die schwere Bürde der Assimilation.

Österreich - nicht nur sein „offizieller" Teil, sondern auch das Gros der Bevölkerung - kennt die Leistungen der Juden für dieses Land und schätzt sie auch. Das ist eine der Haupterklärungen dafür, daß in der Alpenrepublik die Judenablehnung weitaus geringer ist als in den anderen Staaten, inklusive der „neuen Demokratien". Trotzdem müssen wir auch weiterhin hellhörig sein und alle Anzeichen (auch) einer Judenfeindschaft bereits im Keime ersticken, um den berüchtigten „Anfängen" nicht erst am Ende der Humanität, wenn es schon zu spät ist, „wehren" zu müssen.

„Jetzt, im Ruhestand, bricht die Vergangenheit wieder auf", erzählt David Vyssoki („Falter", 23/95) über die späten Folgen vergangener Verfolgung. Kann Verfolgung je vergehen? Wenn man das unsägliche Leid der - nicht nur jüdischen - Opfer in den KZs kennt, diesen historisch einmaligen Ausbruch geballter Brutalität, dann ist man über die Folgen mehr als nur „gut informiert". David Vyssoki war ein „Opfer", das nur zufällig kein Märtyrer geworden ist, und dem es gelang, die braune Brutalität zu überleben. Ich habe zwar mit David Vyssoki nie gesprochen, aber ich bin sicher, daß auch er - wie der Autor dieser Zeilen - keine „Märtyrer-Wärter" benötigt.

Viele Juden haben, im Gegensatz zu David Vyssoki, die Nazi-Zeit nicht überlebt:

Bilanz des Schreckens	Jüdische Bevölkerung	Ermordete Juden
Polen	3,4 Mio.	3 Mio.
Sowjetunion	3 Mio.	1 Mio.
Deutschland	500.000	160.000
Österreich	220.000	65.000
ehem. CSSR	360.000	270.000
Jugoslawien	68.000	60.000
Rumänien	850.000	470.000
Ungarn	400.000	260.000
Griechenland	75.000	65.000
Frankreich	200.000	83.000
Belgien	90.000	50.000
Luxemburg	3.500	3.000
Niederlande	115.000	104.000
Italien	20.000	10.000

Diese Bilanz des Schreckens, deren wichtigste Bedeutung in der fürchterlichen Realität der hingemetzelten osteuropäischen Juden wurzelt, ist für alle denkenden Menschen unvorstellbar und unerklärbar, selbst dann, wenn wir diese Eskalation des Judenhasses von Paulus über Luther bis Hitler genau verfolgen. Die systematische Ermordung von Millionen Menschen kann man weder erklären noch verstehen, man kann sie nur beweinen.

Tradition und Antisemitismus

Die wenigen heute in Österreich (und in Deutschland) lebenden Juden schöpfen ihre Identifikation vorwiegend aus der Tradition und aus dem Antisemitismus.

Die *Tradition* ist ausschließlich religiöser Art. Die in den ersten drei Jahrzehnten nach dem Zweiten Weltkrieg aus Osteuropa nach Österreich (und Deutschland) „emigrierten" Juden waren gutteils in ihrer Heimat bereits assimiliert; die chassidischen Juden behielten auch in Wien ihre religiöse Tradition; sie leben wie einst in Warschau. Die assimilierten Juden brachten, wie schon vor dem Holocaust, ihre Probleme mit. Ursprünglich aus den osteuropäischen Judenvierteln und Judendörfern („Schtetl") kommend, zeigten viele assimilierte Juden die Folgen der auch für sie typischen Minderheiten-Minderwertigkeitskomplexe; so konnte Max Reinhardt in seinem Salzburger Schloß nicht genügend Kruzifixe haben. In diesem Sinne warnte Sigmund Freud 1923 einen jungen jüdischen Kollegen aus Deutschland: „Wenden Sie sich lieber Dingen zu, die den Juden aus all diesem Wahnsinn heraushalten können, und - nehmen Sie mir diesen Rat, der das Ergebnis der Lebenserfahrung ist, nicht übel - drängen Sie sich den Deutschen nicht auf." Zehn Jahre später hat sich diese Warnung auf eine erschreckende Art und Weise in Deutschland bestätigt.

Wie sieht die Zukunft der Juden in Österreich (und in Deutschland) aus, deren überwältigende Mehrheit keine Heimkehrer aus der Emigration, sondern Zuwanderer aus den osteuropäischen Ländern sind? Im Zuge der echten, aber auch der eingebildeten antisemitischen Wellen erleben diese Juden eine Renaissance ihres Judentums. So manche, vor allem die Jüngeren unter ihnen, besinnen sich auf die jiddisch sprechende „Schtetl"-Tradition und lesen fleißig die Bücher jiddisch schreibender Schriftsteller (Mendele Mojcher Sforim, Scholem Alejechem, Jitzchak Lejb Perez, Abraham Goldfaden und Schalom Asch). In diesem Zusammenhang eine kleine, für das Ostjudentum typische Anekdote:

Bei seiner Festansprache anläßlich des an ihn verliehenen Literatur-Nobelpreises erzählte Isaac Baschewis Singer über eine Begegnung mit dem israelischen Ministerpräsidenten Menachem Begin. Er habe ihn gebeten, Jiddisch im öffentlichen Leben Israels zuzulassen. Begin lehnte ab mit der Begründung, daß man doch in Jiddisch keine Soldaten befehligen könne. Und das, so Singer, ist heute meine Antwort, wenn man mich fragt, warum ich Jiddisch schreibe.

Auch die jungen, assimilierten Juden der Gegenwart vereinen in sich den dynamischen Widerspruch der uralten jüdischen Tradition: die Friedfertigkeit des jiddischen „Schtetl"-Geistes, die Intellektualität talmudischer Schriftgelehrter und den politischen Zionismus einstiger russisch-polnischer Revolutionäre rechter und linker Prägung.

In der unglückseligen „Waldheim-Zeit" brachen nicht nur tiefverwurzelte Judenfeindlichkeit, sondern auch eine - durchaus verständliche - Gegenreaktion der längst assimilierten Juden auf: So machten sie sich notgedrungen auf die Suche ihrer längst nicht mehr vorhandenen „Jüdischkeit". Die Situation ist verkrampft, die Reaktion der Beteiligten, auch der jüdischen, neurotisch; aus diesem und nur aus diesem Grund sprechen wir von *„Shoatikern"*, die ihre Zukunft (nahezu) ausschließlich in der Vergangenheit suchen. Das Wort „Shoa", das man synonym für den „Holocaust" verwendet, ist hebräischen Ursprungs und bedeutet - laut Jesaja 10,3 - „Heimsuchung".

Shoa oder Holocaust sind nach wie vor historisch singulär, „weil noch nie zuvor ein Staat beschlossen hatte, eine bestimmte Menschengruppe einschließlich der Alten, der Frauen, der Kinder und der Säuglinge möglichst restlos zu töten, und diesen Beschluß mit allen nur möglichen staatlichen Machtmitteln in die Tat umsetzte", so der deutsche Historiker Prof. Eberhard Jäckel. Die Nazis kannten die Folgen ihrer Untaten: „Ich hielt mich nicht für berechtigt, die Männer umzubringen oder umbringen zu lassen und die Rächer in Gestalt der Kinder großwerden zu lassen ...", so die zynische Formulierung des obersten „Endlösers" Heinrich Himmler (Innenminister und Reichsführer-SS) 1943 in Posen vor SS-Reichsleitern.

Diese „Rächer in Gestalt der Kinder“ haben heute, ein halbes Jahrhundert „nach Auschwitz“ (eine Zeitrechnung ausschließlich für die Überlebenden), eine schwere Position: Einstige Täter sind, aus biologischen Gründen, nur mehr selten aufspürbar; diese Funktion erfüllt(e) Simon Wiesenthal mustergültig. So ist man bemüht, aus „Rache“ „Gerechtigkeit“ zu formen, nur fragt man sich: wem gegenüber Gerechtigkeit? Die Opfer kann man nur mehr beweinen, das Geraubte nicht einmal bruchstückhaft wiedererlangen und auch die „Ehre“ muß nicht wiederhergestellt werden, da sie in Wirklichkeit nie genommen wurde. Was bleibt also übrig? Eine immer schwächer werdende Erinnerung, die man auch künstlich wachzuhalten versucht und das krampfhafte Bemühen, „aus der Geschichte zu lernen“. Nur: Aus der Geschichte kann man nicht lernen, weil Mord und Ausrottung - bedingt durch die in uns wohnende Aggression und Brutalität - jederzeit wiederholbar sind. Alles andere ist nur eine Frage der gesellschaftlichen und der wirtschaftlichen Gegebenheiten und der Organisation.

Ein nicht sonderlich erfreuliches Zeugnis über die kontraproduktive Tätigkeit der „Shoatiker“ legen nicht nur aktive Alt- und aggressive Neo-Nazis, die für ihre Untaten jüdischerseits keine Argumente benötigen, sondern auch liberale Fürsprecher eines nicht-konservativen Österreich. So auch der Wiener Wirtschaftsforscher Felix Butschek, der in einem „Die Presse“-Gastkommentar („Lebens- und andere Lügen“, 24. 7. 1995) gegen die modische Verteufelung Österreichs („Überall seien die Nazis in Amt und Würden geblieben, praktisch bis zum heutigen Tag“) wettert.

Die Vergangenheitszerredung durch die „Shoatiker“ - von einer „Bewältigung“ kann keine Rede mehr sein, weil kein Mensch ernsthaft aus den Fehlern anderer zu lernen bereit ist - erzeugt Gegenzorn, der auch keine objektiven Grenzen mehr kennt. Auch nicht Felix Butschek, der in seinem Gastkommentar locker-übertrieben annimmt, daß „... den jüdischen Mitbürgern natürlich das geraubte Eigentum wieder restituiert wurde ..." Es wurde nicht „restituiert" und wenn, dann nur bruchstückhaft. Eine andere, vollständige Wiedergutmachung wäre nach 1945 auch nicht möglich gewesen, oder wie hätte man z. B. zerbombte „arisierte" Wohnungen ihren rechtmäßigen Eigentümern zurückgeben können?

Während die „Shoatiker" bewußt auf die Todes- und auch sonst sehr harten Urteile der Volksgerichte nach der Befreiung vergessen, verdrängen ihre Gegenspieler gerne die offensichtliche SPÖ- und ÖVP-Buhlung für die Stimmen der vielen „kleinen" Nazis und der willfährigen Mitläufer. Vor allem der SPÖ gelang es besonders in Kärnten, in Oberösterreich und in der Steiermark aus zahlreichen ehemaligen „Partei-", schlichte „Genossen" zu machen.

Hinter dieser sehr hart und bitter geführten Diskussion verbirgt sich weniger die unrühmliche Rolle der unproportional vielen österreichischen Nationalsozialisten im „Dritten Reich" - das hat Bundeskanzler Vranitzky unmißverständlich und für alle Zeiten politisch festgelegt -, sondern der Krampf um die „österreichische Identität", die jede ideologische Richtung auf ihre Art interpretiert.

Die stabilste Form der österreichischen Identität war und ist immer noch der „gemeinsame Aufbau" nach 1945, die Hintanstellung politischer Zwistigkeiten und gegenseitiger Besudelungen und die daraus entstandene Sozialpartnerschaft, bzw. als Nebenprodukt die „Neutralität". In dieser Idee des „Zusammenhalts", der „konzentrierten Anstrengungen" gibt es keinen Platz der „Nazi-Bereinigung". Auch aus diesem Grund wollen die meisten Österreicher nicht die „Anschluß"-Zeit „verarbeiten", sondern die „Aufbau"-Idee verherrlichen.

Die „Shoatiker", aber auch alle anderen „Märtyrer-Wärter", stoßen auf die Betonmauer der „Aufbau"-Generation; ihre Geschosse prallen ab und bereichern nur das Munitionsdepot der Haiderschen FPÖ, die, junggebliebenen alten Chinesen gleich, am Fluß sitzen und beobachten, wie „die Leichen ihrer Gegner vorbeischwimmen". Leider auch die der „Märtyrer-Wärter".

Am wenigsten neurotisch, also psychohygienisch richtig, geht man mit dem Holocaust in Israel um. „Der Holocaust war damals in Israel ein Tabu. Eltern sprachen nicht mit ihren Kindern, Kinder getrauten sich nicht zu fragen. Es war ein Schlagabtausch von Vorwürfen: Warum habt ihr nicht auf uns Zionisten gehört und seid früher gekommen, warum gab es nicht mehr Widerstand, warum habt ihr uns nicht geholfen? Die Überlebenden waren zurückgekommen, und manche wollten sprechen, aber niemand wollte sie hören, zum Teil, weil man annahm, wer überlebt hatte, konnte nur ein Schurke gewesen sein." (Tom Segev: „Die siebte Million - Der Holocaust und Israels Politik der Erinnerung", Reinbek, 1995) Der israelische Historiker Tom Segev hat den, ohne Zweifel, richtigen Umgang der Israelis mit dem Holocaust folgerichtig analysiert. Erst der Eichmann-Prozeß in den sechziger Jahren brachte in Israel die Erinnerungswende: Erst da begannen die Menschen in Israel den furchtbaren Weg der Überlebenden als einen Teil der eigenen Geschichte zu begreifen.

Es ist nicht einfach, ein Jude zu sein. Das war es nie. Noch komplizierter ist es heute, ein Jude in Österreich oder in Deutschland zu sein, da der Holocaust durch seine bewußte Verdrängung seitens der Täter, der Mittäter und der bloßen Dulder tiefe Spuren hinterläßt. Zur allgemeinen Verunsicherung der („heimgekehrten") Juden, die selbst, bzw. deren Eltern 1933/1938 vertrieben wurden, tragen die Medien und ihre gar nicht so selten übertriebene Berichterstattung bei. So titelte „Der Spiegel" 1986 (Waldheim-Zeit): „Österreichs Juden haben wieder Angst" und schrieb weiter: „Während sich Bundespräsident Kurt

Waldheim im Vatikan und in Jordanien als Staatsgast feiern ließ, denken viele Juden an Flucht aus dem Waldheim-Land." Wer diese, für ganz Österreich alles andere als angenehmen Jahre erlebte, der weiß, daß kaum ein Jude tatsächlich an „Flucht" dachte, geschweige denn, diese auch vollzog. Oft allerdings, wenn auch nur hinter vorgehaltener Hand und nur „unter sich", kritisierten viele Wiener Juden - oder sollten wir lieber schreiben: „Juden in Wien"? - das sorglose Vorgehen des Jüdischen Weltkongresses, der mit viel mehr Slogans als mit Beweisen gegen Waldheim ankämpfte.

Wacht am leeren Grab

Wort und Begriff „Märtyrer" stammen aus dem Griechischen und besagen schlicht und einfach „Zeuge". Die Märtyrer sind jedoch keine normalen Zeugen, die irgendein Ereignis sehen und dieses auch bezeugen können, sondern „Blutzeugen", die nicht Geschehenes und Gesehenes „passiv" wiedergeben, sondern in diese aktiv eingreifen. „Märtyrer" als „Blutzeugen" opfern sich für irgendeine Idee, für ihren Glauben, um später als religiöse oder politische „Heilige" in die Schulbücher Einzug zu halten.

So gesehen bewachen viele „Märtyrer-Wärter" leere Grabstätten; vor allem die „Shoatiker". Sechs Millionen Juden wurden von den Nazis und ihren Mörder-Helfern nicht wegen ihres Glaubens (ein Großteil der Opfer war längst getauft) oder wegen ihrer Ideen - erst nach dem Holocaust haben sich viele assimilierte und getaufte Juden für die „Idee" des Judentums entschieden - hingemetzelt. So gesehen waren sie Opfer und keine Märtyrer. Sie wurden ermordet, um der wahnwitzigen Irr-Idee des rassischen Antisemitismus zu genügen.

Ob „Opfer" oder „Märtyrer", am unschuldigen Tod der sechs Millionen Juden ändert diese semantische Differenzierung nicht das Geringste. Am Vorhaben und an der Vorgangsweise ihrer „Wärter" schon. Aus der Emigration nach dem Zweiten Weltkrieg nach Österreich (nach Deutschland) heimgekehrt, fühlten sie sich zum Andenken-Bewahrer der Opfer berufen. Ohne jede Legitimation, nur von ihren Schuld- und Minderwertigkeitskomplexen getrieben, bewachen sie die leeren Gräber. Die aus Osteuropa nach Österreich (und Deutschland) emigrierten Überlebenden der Nazi-Barbarei reagieren anders: Sie haben den tausend- und millionenfachen Mord mit eigenen Augen erlebt, sie sind keine „Rächer" geworden, sondern, weil ihnen das unwahrscheinliche Glück des Überlebens zuteil wurde, Friedensstifter, Ausgleich-Suchende, die es nicht notwendig haben, aus den leeren Gräbern der Opfer Trennungs-Gräben zwischen Österreichern und Deutschen einerseits und den hier lebenden Juden andererseits auszuheben.

Viele jüdische Intellektuelle, die nicht ganz ohne Gewinn und Prestige die „jüdische Frage" mit Genuß aufwärmen, äußern sich anders als sie - und die anderen Juden - handeln. „Wer ein Kind hat", so der Schriftsteller Doron Rabinovici in einem „profil"-Gespräch (Nr. 16/95), „hat einen Grund, nicht mehr hier leben zu wollen, man möchte ja nicht, daß ein Kind in diesen völlig verrückten Fragestellungen nach Identität und Abgrenzung aufwächst."

Noch einen Schritt weiter geht der Wiener Psychiater und Kultusgemeinde-Vorstandsmitglied Dr. Alexander Friedmann: „Es ist mir vorstellbar, Österreich zu verlassen, aber nicht, weil ich es will. Denn Auswandern ist kein Programm." (gleichfalls: „profil")

Die größten Probleme, nicht so sehr mit der jüdischen Identität, sondern mit dem eigenen Status (*Position*) haben die Kinder der „heimgekehrten" Vertriebenen. Unter den heimgekehrten Wiener Juden (aus London, aber auch aus Moskau) gab es viele überzeugte Kommunisten, die hier der Volksdemokratie zum Siege verhelfen wollten. Daß sie bereits 1956 oder spätestens 1968 genug vom Kommunismus hatten, änderte an ihrer politischen Grundhaltung wenig.

An dieser Stelle, weil es thematisch hieher paßt, sei dem Autor ein kleiner Exkurs erlaubt: Während die klassische Psychologie zwischen Introvertierten (nach innen gerichtet) und Extrovertierten (nach außen orientiert) unterscheidet, spreche ich in meiner sozialanalytischen Forschung - etwas salopp formuliert - von den sogenannten *„Anker-Menschen"*, die - einem führer- und fahnenlosen Schiff gleich, das weder Segel noch Ruder, aber auch keinen Motor besitzt -, unbedingt, um nicht davonzutreiben, Anker werfen müssen. Seelisch und gesellschaftlich (wenn auch nicht „sozial") entwurzelte Menschen benötigen, um „im Fahrwasser des Lebens" (es klingt furchtbar geschwollen ...) nicht abgetrieben zu werden, genauso wie deklassierte Menschen, die unter ihrer „nirgendsfachen Zugehörigkeit" leiden, solche „Anker". Religion und Politik als Stabilisierungsfaktoren erwiesen sich als zu schwach, als zuwenig konkret, und daher benötigen diese „Ankerwerfer" eine bestimmte Ideologie, eine tunlichst erfolgreiche politische Partei.

Unglücklicher als diese „Anker-Menschen" - und damit kehre ich zu unserem Thema zurück - sind jene, deren „Anker" immer nur Sand und keinen sicheren Steingrund faßt. Diese meist „links" stehenden Juden - sicherlich keine Kommunisten mehr - entwerfen sich mächtige, wenn auch oft phantomhafte „Feindbilder", an denen sie sich - dem „Anker" gleich - festbinden und - zwanghaft - auch festbeißen können. Solche echte, aber auch vermeintliche Feindbilder reichen von konkreten Neonazis bis zur amorphen Masse der „Antisemiten".

Wien erwies sich für die heimgekehrten und (späteren) „Märtyrer-Wärter" nicht als alt-neue Heimat. „Der Aufenthalt in Wien wurde als vorläufig empfunden. Man entschied sich nicht dafür hierzubleiben, sondern schob die Abreise hinaus. Von Zeit zu Zeit versprach man sich selbst und Freunden, bald wegzugehen. Kein Zweifel, daß man das ernst meinte und noch immer ernst meint, wenn man es heute sagt" - klagt Ruth Beckermann („Unzugehörig. Österreich und Juden nach 1945", Wien 1989) ihr und das Schicksal ihrer Gleichgesinnten.

„Märtyrer-Wärter" sind auch selbsternannte Minderheitenbeschützer, die ihre einschlägige Sensitivität nicht als Komplex-Kompensation, sondern als Ausfluß des „jüdischen Schicksals" sehen. So auch der Schriftsteller und Heimgekehrte Robert Menasse: „Die ... Botschaft, daß man gegen jede Form der Diskriminierung kämpfen muß, für alle Gruppen, die in irgendeiner Form gefährdet sind. Es ist nicht abzusehen, ob ich diese gleiche Erziehung genossen hätte, wenn nicht dieses jüdische Schicksal am Anfang gestanden hätte." („profil", 16/95)

Viele der „Anker"-werfenden „Märtyrer-Wärter" sind auch „Trotz-Juden" geworden, die zwar keine religiöse Bindung zur Kultusgemeinde (offizielle Vertreterin der mosaischen Religionsgemeinschaft) haben, trotzdem aber Mitglieder geworden sind, „um den Antisemiten unsere Zugehörigkeit zu zeigen", wie mein Freund, der Wiener Architekt Robert Kanfer, einstiger Heimkehrer aus der Londoner Emigration, seine Trotz-Haltung demonstriert und begründet.

Neurotische Reaktionen arten oft in maßlose Übertreibung aus. Wie die „Hüter" aller „reinen Lehren", so fühlen sich auch viele jüdische Intellektuelle besonders berufen, Unrecht rechtzeitig anzuzeigen. „Ich bin so wie ein Barometer. Es wird nicht mehr verregnet oder vom Blitz getroffen als jedes andere Gerät: Es zeigt es nur früher an." (Alexander Friedmann im bereits erwähnten „profil"-Artikel.)

Folgerichtiger als alle heutigen „Märtyrer-Wärter" setzte am Ende des vorigen Jahrhunderts der Begründer des politischen Zionismus, Theodor Herzl, den Antisemitismus für seine Politik ein. Als der Begründer des ersten Aktionskomitees gegen den Antisemitismus, Baron von Suttner (Ehemann der Friedens-Nobelpreisträgerin), Herzl aufforderte, in seinem Verein mitzuarbeiten, antwortete dieser sinngemäß: „Nein! Ohne Antisemitismus gibt es keinen Zionismus!" - Genauso denken und handeln, hundert Jahre später, die heutigen „Märtyrer-Wärter".

Mord und Totschlag, Vertreibung und Vernichtung begleiteten die Jahre des Holocausts („Shoa"). „Die Täter verzeihen gerne", hatte es einst Bruno Kreisky, der sein Leben lang mit seiner jüdischen Abstammung rang, formuliert. Und die Opfer? Sie verzeihen ungern. Da aber auch sie, wie jeder Mensch, nach „normalem" Glück und nicht nur nach neurotischen (Schein-)Befriedigungen streben und gerne in Zufriedenheit leben würden, setzen sie selbst, bereits „mitbewußt", neurotische Mechanismen in Gang: Sie berauben sich des Glücksgefühls des Vergessens („Glücklich ist, wer vergißt ..." müßte zur Staatsoperette aller Menschen, vor allem der Österreicher erhoben werden).

Wie (zwangs-)neurotisch die Selbstbetrübung wirkt, bezeugt die österreichische Schriftstellerin harter und nicht immer appetitlicher Dramen, Elfriede Jelinek, die auf eine Journalisten-Frage („Sie meinen ... die Ermordeten des Dritten Reiches, dessen Opfer zu sein Österreich ja gern vorgibt?") antwortet: „Ja. Deshalb ist das Buch (gemeint: „Die Kinder der Toten") grausam, aber auch voll Verzweiflung, weil den Opfern die Stimme genommen wurde. Es gibt hier den Konsens, daß man über das Geschehene nicht reden sollte. Ich kann aber über nichts anderes reden. Ich bin zwanghaft von den Gedanken besessen, daß es kein wichtigeres, ja, kein anderes Thema geben kann." („NEWS", 24/95)

Eindringlicher und plastischer kann man wohl eine generelle Zwangsneurose kaum beschreiben.

Elfriede Jelinek ist nicht nur die Tochter eines jüdischen Vaters - ihre Familie zählt 49 Holocaust-Opfer -, sondern auch eine „Staatsmeisterin der Verzweiflung" (NEWS), die anscheinend keinen Ausweg aus der schattenseitigen Sackgasse vergangenheitsfixierter Gegenwarts- und Zukunftslosigkeit findet. Sie wird damit zur Vorreiterin neurotisierter „Märtyrer-Wärter".

Das zweitgrößte Problem der reemigrierten Juden ist, nach den eigenen Neurosen, die erlogene Schuldmilderung der Täter („Vor der NS-Zeit herrschten Armut und Arbeitslosigkeit und während des Krieges Befehlsgewalt ..."), bzw. das nicht minder wahrheitswidrige Vergessen in den Nachkriegsfamilien der Täter („Juden und Nazizeit waren bei uns kein Thema ..."). So nahmen - unbewußt - die überlebenden Opfer auch die „Schuld" der Täter auf sich. In dieser gesamtneurotischen Situation liegt „die makabre Ironie, daß weniger die Täter und Vollstrecker der nazistischen Verbrechen als vielmehr deren Opfer an einer Überlebensschuld zu leiden scheinen". [So der US-Psychiater William G. Niederland (zitiert aus: „Psychologie Heute", 8/87).]

Der typische „Märtyrer-Wärter" ist ca. 60 Jahre alt, Kind assimilierter bis kaum religiöser Eltern und schöpft sein „Judentum" meist aus negativen Quellen (Antisemitismus, Antizionismus). Er kam einst als Kleinkind in die Emigration und kehrte, aus welchen Gründen auch immer, mit seinen Eltern erst Anfang der 50er Jahre zurück. Als er das erste Mal mit dem Holocaust konfrontiert wurde, überschüttete er zunächst seine Eltern mit Vorwürfen („Wieso habt ihr euch das alles gefallen lassen ...?!") und begriff erst später die entsetzliche Ohnmacht der einst Verfolgten.

Die unbeantwortet gebliebenen Fragen an die Eltern lösten bei den künftigen „Märtyrer-Wärtern" Aggressionsstau und belastende Schuldgefühle aus. Infolge dieser Gefühle traten Trotzreaktionen („Uns wird keine Verfolgung unvorbereitet treffen!") auf und sie suchten ihre Identifikation in verschiedenen jüdischen Organisationen. Das neurotische Umfeld dieser Kinder und jungen Menschen - der späteren „Märtyrer-Wärter“ - wurde wegen ihrer dünnen „Jüdischkeit“ immer dichter. Diese Kinder assimilierter Juden fanden nämlich nur selten den Weg zum Glauben, dafür umso häufiger den in die zionistischen Organisationen. Aber auch hier erlitten sie einen psychischen Schiffbruch: Sie waren kaum bereit, nach Israel auszuwandern und wenn ja, dann kehrten sie bald, meist aus existentiellen Gründen, nach Österreich zurück. Ohne eine wirklich religiöse wie zionistische Bindung blieb dieser Generation nur mehr der (neurotische Ersatz-) Weg in die Negation übrig: Sie wurden zu „Märtyrer-Wärtern“ und Antisemitismus-Beobachtern. Die Waldheim-Zeit trieb leider genug „braunes Wasser“ auf ihre leerlaufenden Hellhörigkeits-„Mühlen“.

Obwohl weniger als 20 Prozent der in Wien lebenden Juden Reemigranten sind - über 80 Prozent kommen aus Osteuropa -, geben die einstigen Wiener Juden und ihre direkten Nachkommen den „Ton“ an; erst recht was die komplizierte Thematik in der alles andere als leichten „Vergangenheitsbewältigung“ anlangt. Zu den bisherigen (psychologischen) Gründen gesellen sich noch geopolitische: Aus Osteuropa, vor allem im Zuge der großen Asyl-Wellen (1956 aus Ungarn, 1968 aus der Tschechoslowakei und 1972 aus Polen), erreichten auch viele Juden Wien. Für diese Menschen bot Österreich alle Annehmlichkeiten einer neuen, guten und vor allem sicheren Heimat. Sie wurden zwar aus ihren Ländern - nicht wie 1938 die Juden aus Österreich - vertrieben, trotzdem dachten sie so gut wie nie an eine Rückkehr. Obwohl die meisten der aus Osteuropa ausgewanderten Juden ursprünglich nicht in Österreich bleiben wollten, verzichteten sie - aus unterschiedlichen Gründen - auf eine Weiterwanderung.

Diese Juden aus Osteuropa empfanden zunächst - und immer noch - Dankbarkeit Österreich gegenüber, und so hörte man bis zu den Waldheim-Jahren aus diesen Reihen keine „kritischen Stimmen“ gegenüber Österreich. Erst später, wenn auch da nicht „tonangebend“, wurden sie von den österreichischen Reemigranten ins „Schlepptau“ genommen.

Die dritte, zahlenmäßig bedeutende Gruppe der Juden in Wien kommt gleichfalls aus dem „Osten“, wenn auch nicht aus den assimilierten jüdischen Gemeinden Mitteleuropas, sondern aus den Ländern der ehemaligen Sowjetunion. Es sind meist sephardische Juden aus Mittelrußland (Kaukasien, Bucharen, aber auch aus Georgien und Grusien), die nur zum Teil der (offiziellen) Israelitischen Kultusgemeinde angehören; ihre Zahl wird mit ca. 10.000 angegeben. Einen eigenen Verband bildet eine Minderheit der russischen Juden, die, wie einst die chassidischen Juden aus den „Schtetln“, dem aschkenasischen Ritus angehören; sie sind alle Mitglieder der Kultusgemeinde.

Diese russischen Juden, ob Sephardim oder Aschkenasim, erfüllen keine ausgeprägte „Märtyrer-Wärter“-Funktion, da sie diese Art der Komplexe-Kompensation nicht notwendig haben; sie schöpfen, was Identität, Religion und Kultur anbelangt, aus dem „Vollen“ und sind daher auf neurotische Ersatzleistungen nicht angewiesen.

„Märtyrer-Wärter“ sind keine glücklichen Menschen, sie leiden oft unter mangelnder sozialer Akzeptanz; aber auch unter fehlenden Kontakten zu (nichtjüdischen) Nachbarn und Arbeitskollegen. Obwohl - und das überrascht auf den ersten Blick - die in Wien lebenden russischen Juden sich aus kulturellen (Sprache, Sitte usw.) Gründen nur schwer integrieren können, fühlt sich die überwiegende Mehrheit (68,5 Prozent) „in ihrem sozialen Umfeld ... wohl“. [„Eine neue Heimat? Jüdische Emigrantinnen und Emigranten aus der Sowjetunion“ von Alexander Friedmann, Maria Hofstätter und Ilan Knapp (Hrsg.), Wien 1993.] Für dieses Wohlfühlen werden folgende Gründe angegeben:

	Anzahl der Nennungen (abs.)
• gute/viele Freunde, Freundinnen, Bekannte	79
• soziales Umfeld vorhanden	42
• „bin gut eingewöhnt"	12
• „bin ein geselliger Mensch"	9
• gute Sprachkenntnisse	9
• „bin ein ruhiger und anpassungsfähiger Mensch"	6
• mit Arbeit zufrieden	5
• kann in der Muttersprache sprechen	2

Die Auskünfte einer 1978 nach Österreich eingereisten jüdischen Emigrantin aus Mittelrußland zeigen die hohe Assimilationsbereitschaft dieser Menschen, die dabei ihre eigene kulturelle Identität nicht aufgegeben haben („Doppel-Loyalität"): „Ich fühle mich wohl hier in Wien. Es ist meine zweite Heimat geworden. Ich habe Freunde hier, auf die ich mich verlassen kann. Das hat sich alles im Lauf der Zeit entwickelt. Mein Freund ist Österreicher. Er und ich wohnen zwar zusammen, aber jeder hat seinen Freundeskreis, d. h. ich bin nicht auf ihn angewiesen, weil das wäre für mich eine unerträgliche Situation, wenn ich ihn überallhin mitschleppen müßte oder er mich, also das würde ich nicht mitmachen wollen." (aus: „Eine neue Heimat?")

Verlorene Statussicherheit

Die Mehrheit der Österreicher, abgesehen von unbelehrbaren „Ausländerhassern", akzeptiert andersdenkende und -aussehende Menschen, sofern diese eine gewisse Assimilationsbereitschaft zeigen. Genau diesem Schema entsprechen viele russische, gläubige Juden.

Erst mit dem Ausstieg aus der religiösen Umgebung verloren viele assimilierte Juden ihre „Status-Sicherheit";

ihre sozialpsychologischen Bindungen, wie auch ihre gesellschaftlichen Grundlagen wurden dünn. Seit dem Beginn dieses historischen Prozesses (1848) haben sich die meisten assimilierten Juden selber deklassiert, sie rutschten zwischen alle gesellschaftliche „Stühle"; sie wollten keine Juden mehr sein und sind auch keine Christen geworden. Faustdikke Selbstlügen („Ich bin ein guter Österreicher, ein echter Wiener!") verunsicherten sie nur noch mehr. Der Holocaust („Shoa") hat an dieser Situation kaum etwas geändert; daher greifen die assimilierten, immer noch deklassierten Juden - im Gegensatz zu ihren traditionell religiösen Schicksalsgenossen - auch zu zweischneidigen, vor allem aber kontraproduktiven Aktionen der „Märtyrer-Wacht"-am-r(h)ein-gar-Nichts. (Das „gar Nichts" betrifft natürlich nicht den ursprünglichen Inhalt, die sechs Millionen ermordeten Juden, sondern die wahre Ursache ihrer Erinnerungsarbeit; aber darüber schrieben wir bereits ausführlich.)

Zu den dankbaren russischen Juden, die am wenigsten bereit sind, eine „Märtyrer-Wärter"-Funktion zu übernehmen, gehören die aus Israel nach Österreich Zurück- oder Neueingewanderten. So zitieren die Autoren des Buches „Eine neue Heimat?" eine aus Israel eingewanderte Emigrantin: „Viele reisen nach Israel und träumen von einem eigenen Geschäft, einem Gemüsestand z. B. Dann kommen sie nach Israel und müssen sehen, daß alles sehr schwer ist, nicht so, wie sie es sich vorgestellt haben. Es sind schon zu viele dorthin gefahren. Alle können dort auch nicht den Wohlstand finden. Andere wieder fahren weg von Rußland, damit die Kinder nicht in die Armee kommen. Dann kommen sie nach Israel, und was passiert? - Sie müssen ihre Kinder erst recht in die Armee schicken. Und sie haben nicht diesen Patriotismus, wie die, die dort geboren sind."

Noch einen, diesmal berufsmäßigen Vorteil genießen die mittelrussischen gegenüber den osteuropäischen Juden. Während die (assimilierten) Juden aus Ungarn, Polen,

Rumänien und aus der ehemaligen Tschechoslowakei entweder Selbständige, Freiberufler oder unselbständig Beschäftigte in gehobenen bis Spitzenpositionen sind, mußten sich die russischen Juden, soweit sie nicht selbständig arbeiten, relativ unten in der Betriebs- und Arbeitshierarchie ansiedeln, wo die gesellschaftliche „Prestige-Luft" nicht dünn und daher sicherheits- und kommunikationsbietend ist. Dazu wiederum ein kurzes Zitat aus „Eine neue Heimat?": „Mein Mann und ich hatten anfangs überhaupt keinen Kontakt zu Österreichern, wo hätten wir auch die Möglichkeit dazu gehabt? In welcher Sprache hätten wir mit ihnen sprechen sollen? Deutsch konnten wir noch nicht gut genug. Die ersten persönlicheren Gespräche habe ich mit Kollegen am Arbeitsplatz geführt. Da war die Möglichkeit da. Da habe ich auch ein Gefühl dafür bekommen, wie die Leute hier leben, was sie denken. Meine beste Freundin jetzt ist eine Arbeitskollegin von früher." Soziale Stabilität, zwischenmenschliche Kontakte, gegenseitige Akzeptanz, „Doppel-Loyalität" und kulturelle Stärke (u. a.) gewähren diesen Menschen, die sich dem harten Konkurrenzkampf in den oberen gesellschaftlichen Schichten und Rängen nicht ausliefern müssen, starke kulturelle und soziale Bindungen; aus ihnen werden keine „Märtyrer-Wärter".

Bis zum Auftreten der Juden aus (Mittel-)Rußland stellten, wie bereits erwähnt, jüdische Emigranten aus Osteuropa das Gros, wenn auch nicht unbedingt die Führungs- und Funktionärselite in der Gemeinde (Kultusgemeinde mit ihren angeschlossenen Organisationen und mit den einzelnen, in Wien vertretenen zionistischen Parteien). Diese Juden aus Budapest und Bukarest, aus Prag und Pozsony (Bratislava), aber auch aus Warschau assimilierten sich in Wien schnell und fühlten sich höchstens zu den Hohen Feiertagen (Rosch Haschana) als „Juden".

Diese jüdischen Emigranten mußten nach der Nazi-Zeit auch, zumindest ein Jahrzehnt, kommunistische Diktatur erdulden; so genossen sie die für sie unerwartete Freiheit in Österreich dankbar und uneingeschränkt. Die erlittene Doppelverfolgung (Holocaust und KP-Diktatur) stabilisierte ihre Psyche, und da für sie Österreich ein Land des Schutzes und nicht (wie 1938 für die österreichischen Juden) der Verfolgung war, empfanden sie sich nicht als „Märtyrer-Wärter". Erst unter dem Einfluß des „Waldheim-Krampfes" und im Schatten ihrer reemigrierten österreichischen Schicksalsgenossen trieben sich auch diese Juden - zu denen sich auch der Chronist dieser Analyse zählt - in die neurotische Sackgasse eines vergeblichen, weil von außen aufgezwungenen „Identitätsdilemmas".

Um die folgende sozialanalytische Strukturierung besser zu verstehen, soll hier - analog zu meinem Buch „DIE NEUEN - Ausländer-Assimilation in Österreich", Wien 1994 - eine Generationsanalyse der reemigrierten Juden erfolgen:

- Die erste Generation bilden die jüdischen Vertriebenen, die 1933 (in Deutschland), bzw. 1938 (in Österreich) bereits älter als 20 Jahre waren.
- Die zweite Generation sind ihre Kinder, die entweder in jungen Jahren ihre Heimat verlassen mußten oder bereits in der Emigration geboren worden waren. Sie kehrten mit ihren Eltern in die „Heimat", die für sie nur partiell eine solche wurde, zurück.
- Die dritte Generation schließlich sind die Enkel der Vertriebenen, die bereits in Österreich, bzw. in Deutschland auf die Welt kamen und mit ihrer anerzogenen Heimatlosigkeit nur schwer fußfassen konnten; ihr Geburtsland ist nicht unbedingt ihr Heimatland geworden.

Die erste Generation hatte lange Zeit die fürchterlichen Geschehnisse des Holocaust, die sie allerdings selber nicht erleben und erdulden mußten, bewußt verdrängt. Sie waren viel mehr mit dem Aufbau ihrer Existenz beschäftigt und von der Rückerstattung ihres einst „arisierten" (Familien-)Vermögens konnten sie nur träumen. Als kleine Entschuldigung (moralische Wiedergutmachung) wurden sie, soweit sie keine selbständige Existenz aufbauten, mit gutdotierten Spitzenpositionen in der Verwaltung und in der staatsnahen Wirtschaft (Banken, Versicherungen) versehen. Sie konnten sich auch politisch frei entfalten und waren oft „Nutznießer" des schlechten Gewissens politischer Spitzenfunktionäre des „neuen Österreichs", das - was die schnelle Eingliederung und Rehabilitierung der Ex-Nazis betraf - gar nicht so „neu" war. Diese Handvoll „Herzeigejuden" waren auch das schmale Alibi für die nichterfolgte Rückholung der Vertriebenen. Spitzenfunktionäre der Sozialistischen und der Volkspartei waren keineswegs an einer moralischen und ökonomischen „Rearisierung" des geraubten Vermögens und Ansehens der vertriebenen Juden interessiert. Ihnen genügten die wenigen „Herzeige- und Paradejuden".

Die zweite Generation hatte es bereits bedeutend schwerer. Da sie in den relativen Wohlstand ihrer Eltern hineingeboren worden waren, konnten sie zwar ihre geistigen Kräfte in ein Universitätsstudium investieren, doch fanden sie für ihre intellektuellen Energien keine sinnvolle Betätigung mehr. Da sie Kinder assimilierter, nichtreligiöser Juden waren, suchten sie verzweifelt nach einer Begründung und gleichzeitigen Erfüllung ihrer nichtvorhandenen „Jüdischkeit"; so sind sie Mitglieder des Jüdischen Hochschülerverbandes und der in Wien tätigen zionistischen Parteien geworden. Sie versuchten ihre „zionistischen Träume" in Wien zu erfüllen und dachten nicht im entferntesten an eine „Heimkehr" in die dreitausend Jahre alte „Heimat". Diese zweite Generation und ihre unglückselige Position skizzierten wir bereits; sie ist heute - wie bereits erwähnt - im Durchschnitt 60 Jahre alt und stellt das Rückgrat der „Märtyrer-Wärter" dar.

Die psychologisch außerordentlich komplizierte Situation der zweiten Generation wird durch Holocaust, Weltkrieg und Nazi-Ideologie überschattet. Mit dieser schweren Last müssen nicht nur die Kinder der Opfer, sondern auch die der Täter leben. „Die Kinder der Opfer sollten, vereinfacht gesagt, die Ermordeten vertreten und das Überleben demonstrieren. Die Kinder der Täter sollten aber auch Normalität signalisieren und als Pfand für das Verdrängen einer diffus bewußten Schuld dienen." (Der deutsche Psychotherapeut Tilmann Moser im Gespräch mit „Der Standard", 20. 6. 1995)

Diese unentwegte „Vertretung der Ermordeten" kann ohne Aktualisierung nicht jahrzehntelang „am Leben" gehalten werden. Daher wurden aus vielen Kinder der Opfer „Märtyrer-Wärter", die ihre manchmal vielleicht schwindende Kraft zum Kampf auch aus dem Schutz anderer Verfolgter und Benachteiligter (Zigeuner, Ausländer usw.) schöpfen.

Die Schuldfrage spielt, wir skizzierten bereits kurz die psychologische Grundposition, im gesamten „Märtyrer-Wärter"-Komplex eine wesentliche Rolle. Die Opfer-Kinder können und wollen die Täter-Kinder aus der (Schuld-)Verantwortung nicht entlassen und akzeptieren die „Gnade der späten Geburt" nicht. „Was können meine Kinder dafür, was ihr Großvater getan hat ...?" schüttete ein Freund, selbst Sohn eines Nazi-Zeit-Profiteurs, sein wundes Herz aus.

Obwohl auch die extremsten „Märtyrer-Wärter" die „Kollektivschuld" verneinen, fordern sie unentwegt eine Art „Kollektivverantwortung", deren Richtigkeit auch Bundeskanzler Franz Vranitzky mehrmals betonte. Diese „Kollektivverantwortung" ist nur theoretisch vollziehbar, in der (Familien-)Praxis aber so gut wie nie durchsetzbar. Das bezeugt auch Tilmann Moser in einem Vortrag im Österreichischen Jüdischen Museum („Seelische Spätfolgen von

Diktatur, Holocaust und Krieg"), den er Mitte Juni 1995 in Wien hielt: „Einerseits wird der gefallene Vater massiv idealisiert, gleichzeitig aber das System, in der er Macht hatte, offiziell abgelehnt, inoffiziell aber doch wieder mit einem Schleier von Untergangs-Sentiment umgeben. Geplant wird eine Idylle, aber die bricht manchmal wieder ein."

Beide Vertreter der zweiten Generation - die Kinder der Täter wie der Opfer - suchen ihre eigene „Idylle": Die einen sprechen gerne von „guten" und von „bösen Nazis", wobei der eigene Vater immer in die erste Kategorie fällt. „Idylle" ist richtigerweise positiv besetzt; wir bezeichnen damit einen Ort (oder auch einen Zustand), wo man sich wohl fühlt. So fühlen sich die Kinder der Täter in der Verdrängung wohl und die der Opfer in Haß und Abwehr gegen Rechtsextremismus.

Die harte Zäsur am Ende des Zweiten Weltkrieges (Deutschlands Kapitulation) schuf zunächst eindeutige Verhältnisse: Man konnte das NS-Verbrechen ahnden. Es hat Jahre gedauert - in Deutschland mehrere, in Österreich wenigere - bis man den sanften Übergang auch der „belasteten" Nazis in das normale Berufsleben erreichte. Da das kommunistische System von Moskau bis Miskolc nicht mit einem verlorenen Weltkrieg, sondern - dank der Reformkommunisten - durch eine rapide Aufweichung zugrundeging, gab es hier auch keine „Säuberungsprozesse"; Ceausescus Hinrichtung ist singulär geblieben. So wartete auch auf den „stalinistischesten" KP-Führer - im Gegensatz zum Nürnberger Prozeß - kein Henker, und auch Honecker starb friedlich in Freiheit. Daher gibt es keine „linksextreme" Schuldverarbeitung; von einer Trauerarbeit, die oft notwendig gewesen wäre, ganz zu schweigen.

Aufrechnung: Opfer gegen Opfer

Man sollte Opfer gegen Opfer genausowenig aufrechnen, wie Rechts- und Linksdiktaturen miteinander vergleichen. Eines steht jedoch fest: Auch in den Stalinistischen Gulags herrschten keine paradiesischen Zustände. Wir sind es trotzdem gewohnt, die ethischen Grundlagen einer persönlichen Schuld nach Untergang einer Diktatur linksblind zu beantworten. So ist z. B. die deutsche Öffentlichkeit entrüstet über den Fall (in doppelter Hinsicht) des greisen Universitätsprofessors Hans Schwerte, der in Wirklichkeit Ernst Schneider hieß und ein hochrangiger SS-Mann war. In Österreich wäre dieser Identitätstausch kaum notwendig gewesen.

Die zweite Generation der Opfer-Kinder führt, obwohl sie selbst erwachsene Kinder haben, auf der Suche nach der eigenen Identität einen erbitterten Identifikationskampf. Ihre geistigen Kräfte konnten sie, als „Wohlstands"-Kinder, in ein sorgenfreies Studium investieren. Das umso mehr, als sie die stark ausgeprägten Leistungs- und Erfolgserwartungen ihrer Eltern gefühlt haben. „Wie sich ein solcher Leistungsdruck in Tendenzen zur Konfliktvermeidung äußert, um die Eltern zu schonen, demonstriert Judith B. Sie hatte etwa immer große Angst, den Eltern Schwierigkeiten in der Schule einzugestehen. ‚Meinen Eltern hätte ich nie gewagt, das zu sagen, da mußte man Erfolge bringen.' Jahrelang habe sie ihre Schwächen überspielt. ‚Ich glaube, im Unterbewußtsein war einfach dieses ‚die haben schon so viel mitgemacht' und ‚man darf denen nicht wehtun da', ‚die müssen immer geschont werden' und ‚man darf denen nichts Böses tun'. Da hat man eher sich selbst verletzt als die Eltern, jahrelang.' Die vielleicht problematischste Haltung von Überlebenden sieht Trossman in der ausgesprochenen oder unausgesprochenen Botschaft, das Kind müsse dem sonst leeren Leben der Eltern einen Sinn geben, es müsse all das erlittene Leiden der Eltern rechtfertigen." (Kurt Grünberg: „Das Trauma der späten Geburt", in: „Psychologie heute" 8/87)

Die Kinder - Mitglieder der zweiten Generation - urteilen falsch über die Leidens- und Vergangenheitsverarbeitung ihrer Eltern; sie unterliegen dabei einer starken Überbewertung; so „leer" war das Leben ihrer Eltern nicht. Die seelisch schwergeprüfte zweite Generation will die Realität ihrer Eltern - nahezu ausschließliche Konzentration auf die materielle Existenz - nicht wahrhaben. Sie nehmen - in späteren Jahren - an, daß ihre Eltern nur notgedrungen auf die „Wärter"-Funktion der „Märtyrer" verzichtet haben. Diese Rechtfertigung ehrt sie zwar, doch entspricht das Bild, das sie sich von den Nachkriegsjahren ihrer Eltern gemacht haben, keineswegs der Realität.

Man kann die Rolle der „Märtyrer-Wärter" nicht nur der zweiten Generation zuschreiben; die Fundamente dieser Einstellung wurden ohne Zweifel von der ersten Generation gelegt, die unentwegt vor den Gefahren eines „neuen Antisemitismus" warnte. Auch für sie war die Heimkehr in das (einstige) Land der Verfolgung nicht einfach, auch sie litten unter ihren Schuldkomplexen. So haben sie von Anfang an ihre Kinder nicht in die konkrete Umwelt einbezogen. Sie unterließen jedwede ernstzunehmende Vorbereitung auf ein Leben in Österreich oder Deutschland; die negative Weltsicht, vor allem was die unmittelbare Umgebung betrifft, bleibt der ganzen Familie voll erhalten und erschwert das Leben dieser Menschen.

Die späteren „Märtyrer-Wärter" reagieren bereits als Jugendliche neurotisch-gestört auf alle Beziehungen mit Nicht-Juden, sie entwickeln - so die Eigenannahme - ein besonderes „Gespür", mit dem sie „Antisemitismus" und „NS-Vergangenheit" „aufspüren" können. Daß sich dieser soziale „Prüfstein" bald als Mühlstein um den eigenen Hals, was das Hineinwachsen in die österreichische (oder deutsche) Gesellschaft betrifft, erweist, merken sie erst später oder überhaupt nicht.

Aus den allgemeinen Schuldgefühlen der ersten Generation erwächst eine gewisse Scham der zweiten Generation; man spricht und hört unentwegt den Satz, „Die Besten wurden umgebracht". Die Folge ist verheerend: Die Überlebenden sind „nicht die Besten", vielleicht sogar die „Schlechtesten". Von dem so verursachten Schaden am kindlichen Selbstwertgefühl können sich die „Märtyrer-Wärter" ein Leben lang nicht befreien.

Fertig ist die neurotische Konstellation: Man ist „stolz" darauf, ein Jude zu sein, aber man „schämt" sich, den Holocaust überlebt zu haben. Scham und Schuld nagen am Selbstwertgefühl dieser (gezwungenermaßen) zu „Märtyrer-Wärtern" gewordenen Menschen.

Antisemitismus ist nicht gleich Antisemitismus. In Österreich, aber auch in Deutschland, werden im Schatten des Holocausts judenfeindliche Äußerungen oder gar Ausschreitungen von den Betreffenden bedeutend schärfer als es in anderen Ländern der Fall ist, registriert. Das zeigt auch der jüngste Bericht des Londoner „Institute for Jewish Affairs", das regelmäßig den „Antisemitismus-Pegel" international analysiert. So wurde, auf das Jahr 1994 bezogen, zwar in nahezu allen untersuchten Ländern eine gewisse Zunahme des Antisemitismus registriert, doch diese Tatsache unterschiedlich bewertet. Während in Belgien und sogar in den traditionell liberalen Niederlanden eine Verschärfung des antisemitischen Klimas konstatiert wurde, wurde die objektiv keineswegs andere Entwicklung in Deutschland und in Österreich verhältnismäßig scharf kommentiert.

„In dem 12 Seiten starken Kapitel über Österreich, das sich auf das Jahr 1994 bezieht, werden ‚Tendenzen einer wachsenden politischen Fremdenfeindlichkeit' angeführt. ‚Ob dieses Klima auch 1995 in Österreich anhalten werde, hängt zu einem Großteil davon ab, ob genug Menschen dies ansprechen und dagegen auftreten'. Der Bericht befaßt sich in diesem Zusammenhang ausführlich mit der F-Bewegung von Jörg Haider. Haiders ‚offene Angriffe auf die repräsentative Demokratie', die Umgestaltung der FPÖ in eine Bewegung mit ‚ausgesprochenen autoritären Zügen' sowie das Eintreten des F-Chefs für eine ‚Dritte Republik' werden kritisiert. Weiters meinen die Autoren, daß jene Wählerinnen und Wähler, die für die FPÖ gestimmt haben, zwar nicht unbedingt den ‚autoritären politischen Szenarien eines Jörg Haider zustimmten, aber letztendlich auch nicht davor zurückschreckten'. Lob kam indessen für die Regierung sowie die übrigen Oppositionsparteien, die mit Entschlossenheit ‚Angriffe auf demokratische Grundwerte und rassistische Gewalt' bekämpften." („Wiener Zeitung", 21. Juni 1995)

Die Judenfeindlichkeit wird in diesem Bericht, was vollkommen richtig ist, aber von jüdischen Kreisen häufig abgelehnt wird, nicht gesondert, sondern als Teil der allgemeinen Xenophobie (Fremdenfeindlichkeit als neurotisch übertriebene „Fremdenangst") bezeichnet. Zwar sichert der Holocaust in seiner historischen Singularität dem Antisemitismus einen gesonderten Platz, doch kann man die „moderne" Judenablehnung nur schwer von der allgemeinen Fremdenfeindlichkeit getrennt analysieren.

Die aus historischen Gründen verständliche Übersensibilität gegenüber echten, aber auch nur vermeintlichen antisemitischen Äußerungen in Österreich (und in Deutschland) spiegeln sich nicht nur in der internationalen Politik - ohne diesen Tendenzen hätte auch die „Waldheim-Affäre" nicht ihr Ausmaß erreicht - wider, sondern auch in der persönlichen Begegnung zwischen Juden und Nichtjuden, wobei der subjektive Begriff „Verfolgung" psychologische Höchstausmaße erreicht. „Eine deutliche Spezifikation ... ergibt sich ... durch die Tatsache, daß es hier nicht um die

Einbindung in irgendeine Gesellschaft irgendeines Landes geht, sondern um die Einbindung in die Gesellschaft der Bundesrepublik Deutschland. ‚Verfolgung' erscheint nicht nur abstrakt als allgemeingesellschaftliches Phänomen, vielmehr treten Verfolger ganz konkret, zum Beispiel als Eltern von Freunden, in Erscheinung, deren nationalsozialistische Vergangenheit die heutigen Beziehungen belastet." (Kurt Grünberg)

Die hier skizzierte soziologische Dominanz in der Begegnung zwischen den Kindern und Kindeskindern der einst Verfolgten und denen der Verfolger vermengt sich mit der psychologischen Unzufriedenheit komplexbeladener Juden; das Mischungsergebnis heißt: „Märtyrer-Wärtertum". Die alles andere als glücklichmachende Folge dieser neurotischen Verkrümmung ursprünglicher sozialer „Geradlinigkeiten" stört empfindlich das Lebensgleichgewicht in der Psyche der zweiten Generation. M. S. Bergmann („Generations of the Holocaust", New York, 1982) behauptet folgerichtig, daß viele Mitglieder der zweiten Generation das eigene Leben nicht leben können; sie führen notgedrungen ein „Leben in der Vergangenheit" (Judith S. Kestenberg in: „Journal of the American Psychoanalytic Association", 4/1980) und bewegen sich hoffnungslos in einer verschobenen Mehrfach-Realität, wo „die elterliche Vergangenheit und die kindliche Gegenwart verschmolzen werden ... Durch Identifizierung mit dem Elternteil als einem Opfer (wird) aus dem Kind eines Überlebenden ebenfalls ein ‚Überlebender'" (Kurt Grünberg). Es entsteht ein regelrechtes Wettrennen zwischen Eltern (erste Generation) und ihrer Kindern (zweite Generation) um die Leidensstärke. Lisa Newman beweist, daß sich die Kinder der Verfolgten, was das Leidensbedürfnis anbelangt, in eine echte Rivalität zu ihren Eltern begeben. (In: „The Journal of Contemporary Social Work/7 Work", 1/1979)

Das Bedürfnis nach „Jüdischkeit" treibt die zweite Generation in oft verzwickte Situationen; da sie weitab religiöser Überzeugungen liegen, bauen sie primär auf die Leidenserfahrung der ersten Generation und benützen dazu als Mörtel die oft überbewertete Ausländer- und Judenfeindlichkeit der Gegenwart.

Einen interessanten, vor allem für deutsche Verhältnisse - „strengste Genauigkeit" heißt hier das positive Vorurteil - typischen Fall schildert Kurt Grünberg: „Die Problematik, im Konflikt zwischen deutscher, jüdischer und der Identität der Verfolgung die eigene Identität zu finden, zeigt sich am eindringlichsten im Fall des Reinhard L., was schon in seinem Namen angedeutet wird: Sein hebräischer Name Jakob weist über den Großvater zum Judentum, aber auch zur nationalsozialistischen Judenvernichtung; der sich selbst gegebene sowjetisch-polnische Name Iljitsch deutet den Weg in das Herkunftsland seiner Eltern; sein deutscher Vorname Reinhard weist auf eine Verbindung zu Deutschland, die er lieber nicht sähe. So hängt er auch, um diesen deutschen Teil seines Namens abzustreifen, seinem Namen ein ‚o' an, so daß er italienisch klingt. Die Aussichtslosigkeit dieses Versuchs erkennt auch Reinhard selbst: ‚Klar denken, das eigentlich auch ausdrücken, was ich so fühle, oder wie ich im Moment bin, das kann ich eigentlich nur noch im Deutschen.'" In Österreich, mit den hier herrschenden halb-gemütlichen, halb-schlamperten Verhältnissen, wäre dieser innere Kampf mit dem eigenen Namen (Signalwirkung der Identität) weder möglich, noch notwendig.

Assimilierten Juden der zweiten Generation, denen es „gelang" sich in ein seelisches Nichts hinein zu identifizieren, leiden nicht selten unter einer, bereits erwähnten, „nirgendsfachen Zugehörigkeit". Die Identifikation zu den großen Gruppen („Juden", „Österreicher", „Deutsche") bleibt ihnen verwehrt. So suchen einige dieser Selbst-Deklassierten Heil und Ausweg in der Identifikation mit kleinen Gruppen (z. B. Freimaurer). Sie erleiden aber auch hier Schiffbruch, da sie auch in diesen kleinen, transparenten Gemeinschaften die Erfüllung ihrer Wünsche (permanenter Kampf gegen den Antisemitismus) nicht erfüllt sehen. Auch hier „deklassieren" sie sich und drängen sich selbst in hoffnungslose Randpositionen. So bleibt ihnen nur mehr der Ausweg in die an und für sich bittere Rolle der „Märtyrer-Wärter". Auch für diese Menschen, allerdings in anderem Zusammenhang, findet der israelische Schriftsteller Amos Oz die bezeichnende Formulierung: „Ich habe keine Angst vor müden Menschen. Ich habe Angst vor den Unermüdlichen." Die „Märtyrer-Wärter", die von ihren Komplexen getrieben, in Sachen „Minderheiten-Schutz" „unermüdlich" unterwegs sind, streben, wenn auch gutteils unbeabsichtigt, einer Katastrophe entgegen. Noch ein Oz-Zitat dazu (in: „Die Presse", 22. Juni 1995) soll diese unermüdlichen Unruhestifter charakterisieren: „Bei Shakespeare leuchtet die Gerechtigkeit, es gibt ein Blutbad. Bei Tschechow sind am Ende die Menschen bitter, desillusioniert - aber lebendig. Laßt uns für Tschechow arbeiten."

Im Gegensatz zu Amos Oz „arbeiten" die „Märtyrer-Wärter" nicht für Tschechow, sondern für Shakespeare: Im übertragenen Sinne nehmen sie auch ein „Blutbad" für die Erfüllung all dessen, was sie für „Gerechtigkeit" halten, in kauf.

Die wenigen Überlebenden der Konzentrationslager, vor allem die nicht-jüdischen, kehrten nach der Befreiung in ihre Heimat zurück. Seit ihrer Rückkehr arbeiten sie als „Zeitzeugen" nicht nur an der Vergangenheit, sondern vielmehr an der Zukunft. Sie sind weder hauptberufliche „Märtyrer-Wärter", noch nebenberufliche „Antifaschisten". So erzählt man von einer Begebenheit im Büro des einstigen KP-Stadtrates Viktor Matejka, der wie ein Wunder die Nazi-Verfolgung überlebte. Eines Tages stellte sich ein besonders raffinierter Bittsteller beim legendären kommunalen Kulturpolitiker mit dem Satz vor: „Ich bin ein Antifaschist!" Matejka blickte den Mann kurz an und fragte ungerührt: „Was für ein ‚Faschist' sind Sie ...?"

50 Jahre nach dieser heute noch gültigen Frage, Anfang Sommer 1995, fuhren 200 Kärntner Schüler mit höchster politischer Begleitung nach Auschwitz-Birkenau. Sowohl Landeshauptmann Christof Zernatto als auch sein SP-Stellvertreter, Michael Ausserwinkler, sagten spontan zu dieser Gedenkfahrt zu. Nur der F-Vize-Landeshauptmann Karlheinz Grassner konnte seinen übervollen Terminkalender nicht mehr umstoßen und blieb im sonnigen Süden Österreichs.

Mit den Kärntnern Schülern, samt höchstrangiger Begleitung, fuhr auch die Generalsekretärin der Österreichischen Lagergemeinschaft Auschwitz, Dagmar Ostermann, die einst als Tochter eines jüdischen Vaters Auschwitz-Häftling war, mit. In Frau Ostermanns KZ-Gruppe, sie kam 1942 nach Auschwitz, gab es 521 Frauen; 519 von ihnen haben die Befreiung nicht mehr erlebt. Sie arbeitete damals am „Standesamt" des Lagers, wo nicht Eheschließungen, sondern die Toten registriert wurden. „‚Wir haben den ganzen Tag Todesurkunden geschrieben.' Die SS-Aufseher nennt sie alle mit Dienstgrad und Namen (...) In ihrer Stimme schwingt die penible Genauigkeit einer Frau mit, die nicht Rache nehmen will, die aber auch nichts zu vergessen hat." (Ernst Sittinger: „Über Auschwitz reden, damit wir zu Immunfaktoren werden", in: „Die Presse", 11. Juli 1995) Dagmar Ostermann ist kein „Märtyrer-Wärter".

Der vom Gesehenen tief beeindruckte Landeshauptmann Zernatto formulierte folgerichtig: „Die ‚immunisierende Kraft' (...) müßte dazu führen, daß wir tatsächlich resistent sind gegen alles, was nach Extremismus riecht."

Die heute noch lebenden „Zeitzeugen" sind - obwohl sie dazu berechtigt wären - keine „Märtyrer-Wärter", sondern „Immunisatoren“, wenn auch oft - leider - auf verlorenem Boden. Sie handeln nicht, weil sie die Öffentlichkeit auf sich aufmerksam machen wollen, sie kompensieren auch nicht ihre Komplexe; sie sind schlicht und einfach Zeugen der Barbarei, sie berichten über das eigene und das Leid der Ermordeten; sie hatten eine direkte Beziehung zu den Märtyrern gehabt.

Ein Leben mit den Toten

Die „Märtyrer-Wärter“ hingegen - und nicht nur die jüdischen - leben mit den Toten und streben nach Sterben gegen die Lebenden. Hinter diesem, nahezu poetischen Satz, verbergen sich die Haupteigenschaften dieser ewig Unzufriedenen:

- Sie leben mit den Toten, sie bewachen die Ermordeten, aus ihrer permanenten Totenwache erwächst eine heilige Pflicht.
- Sie „beneiden“ die Toten, denen die „Schandtat“ der Heimkehr in das „Land der Mörder“ erspart blieb. Das (unbewußte) Streben der „Märtyrer-Wärter“ gilt dem Sterben, dem systematischen Absterben irdischer Freuden.
- Mit ihrem symbolischen „Sterben“ als „lebende Tote“, von Schuldgefühlen gepeinigt, kämpfen sie gegen die Lebenden, die keine „Märtyrer-Wärter“ sind, an.

Es ist ein komplizierter, schmerzhafter Prozeß, ein Sichselbst-Quälen über Zeiten und Grenzen hinweg.

Viele, vor allem jüdische „Märtyrer-Wärter“, gehen mit ihrer übertrieben-philosemitischen politischen und medialen Umgebung eine unheilige Allianz ein. Um zu beweisen, welch unermeßlichen Verlust die österreichische (oder die deutsche) Kultur durch den Holocaust erlitten habe, frönt man einer aufgezwungenen-rassistischen „Jüdischkeit“. Der aus Wien stammende US-Kunstsammler, Serge Sabarsky, hat in diesem Zusammenhang in einem Interview („Die Presse", 14. Juli 1995) klar und trotzdem nicht kraß formuliert: „Warum differenziert man jetzt auf einmal wieder Juden und Nicht-Juden? Max Oppenheimer, MOPP, ein österreichischer Künstler, in Wien geboren, total assimiliert, vollkommen atheistisch, hat seine erste Retrospektive in Wien im Jüdischen Museum! Er wird sich im Grab umdrehen. Ich kannte ihn persönlich, wir haben öfter über derartige Dinge gesprochen. Er hat nie geahnt, daß er seine erste Ausstellung in einem Jüdischen Museum haben wird. Was wird weiter geschehen? Kommt jetzt eine Abteilung in den Bibliotheken für jüdische Dichter? Wird der Heinrich Heine nicht mehr in der allgemeinen Nationalbibliothek sein, sondern in einer jüdischen Bibliothek stehen? Wird der Mendelssohn in einem jüdischen Musikmuseum sein? Ist der Max Liebermann ein jüdischer oder ein deutscher Maler? Man liest ununterbrochen diese Differenzierung, sie ist tatsächlich das Erbe der Hitler-Politik." Und Sabarsky moniert weiter: „Natürlich, die Nürnberger-Gesetze werden fortgesetzt. Friedlich, ohne umzubringen - aber sie werden fortgesetzt. Ich war erst 25, als ich aus Wien weg mußte, aber ich erinnere mich: Natürlich gab es gewisse Kreise, die ständig von Juden und Nichtjuden gesprochen haben. Aber normalerweise hat man, wenn man in einer halbwegs intelligenten Gesellschaft von jemandem erzählt hat, nicht dazu gesagt ‚Das war a Jud' oder ‚Das war kein Jud'. Heute ist das gang und gebe." Sein Schluß daraus: „Natürlich haben wir seinerzeit in einer Phantasiewelt gelebt. Wir haben gedacht: Wir Juden sind Österreicher. Aber die Österreicher haben nicht so gedacht, die haben doch uns immer als Juden gesehen. Aber jetzt ist das offiziell dazu gekommen, nach Hitler."

Der „gemütliche" christliche Antisemitismus eines Karl Luegers („Wer ein Jud' ist, bestimme ich ...!"), der eine subjektive Selektion höchstbürgermeisterlich gestattete, unterscheidet sich wesentlich vom unerbittlichen Judenhaß der rassistischen „Nürnberger Gesetze". Als Reaktion auf diese menschenverachtenden Polarisierung holen die „Märtyrer-Wärter" auch die christianisierten (Max Reinhardt) und religionsfeindlichen (Karl Kraus) „Juden" in ihr „Über-Ich"-Himmelreich zurück.

Die besten Waffenbrüder der „Märtyrer-Wärter" sind ihre Plattformlieferanten vor allem deutscher Prägung und Gründlichkeit. So hat bereits heute nahezu jede deutsche Großstadt ihr Opfer-Denkmal; das größte natürlich muß in der alt-neuen Hauptstadt, in Berlin, stehen. Dieses monumentale Berliner Holocaust Denk- und Mahnmal soll eine zwei fußballfeldgroße Betonplatte sein. In dieses Ungetüm zwischen dem Potsdamer Platz und dem Brandenburger Tor sollten - als „work in progress" - die Namen von 4,5 Millionen ermordeten Juden gemeißelt werden. Jüdische Spitzenfunktionäre und Amtsträger, an der Spitze der Vorsitzende des Zentralrates der Juden in Deutschland, Ignaz Bubis, lehnen diese Monströsität genauso ab, wie der streitbare jüdische Journalist, Henryk M. Broder im „Der Spiegel": „Egal ob das deutsche Judentum ermordet oder ob anschließend der Ermordeten gedacht werden soll, das Ziel wird mit Ausdauer, Beharrlichkeit und einem Sinn fürs Gigantische angestrebt. Manche Bauten von Albert Speer nehmen sich daneben wir Projekte der ‚minimal art' aus."

Der aus Deutschland stammende Direktor des Wiener Jüdischen Museums, Prof. Dr. Julius Schoeps, geht mit seinem Protest noch einen Schritt weiter: „Falls das Projekt realisiert werde, wolle er eine einstweilige Verfügung dagegen erreichen. Die Namen seiner von den Nazis ermordeten Familienangehörigen würden nicht auf die Grabplatte kommen, denn die tiefe Erniedrigung des Holocausts dürfe nicht durch die Namensnennung wiederholt werden. Schoeps äußerte aber auch grundsätzliche Bedenken gegen ein zentrales Holocaust-Denkmal in Berlin. Die künstlerische Umsetzung des millionenfachen Mordes an den Juden berge die Gefahr der Verharmlosung. Man solle lieber die realen Orte des Verbrechens, etwa die ehemaligen Konzentrationslager, als Gedenkstätten fördern."

Die dritte Generation schließlich genießt einerseits die Wohlstandsfrüchte ihrer Eltern und Großeltern, findet andererseits kaum mehr einen sicheren Platz in der österreichischen Gesellschaft. Sie sind - im Schnitt - 30 Jahre alt und haben die psychischen Probleme ihrer Eltern voll erlebt. Als Reaktion schließen sie sich in freiwillige Ghettos ihresgleichen ein und nehmen am aufgeweichten politischen Leben der „Linken" halbherzig teil. Ein gewisser Prozentsatz - genaue Zahlen kennen wir nicht - hat Österreich, teils zu Studien-, teils aus beruflichen Gründen, verlassen und ließ sich in England, in den USA, aber auch in Israel nieder. Als gegenwartsbezogene jüngere Menschen sind sie keine „Märtyrer-Wärter", dafür beobachten sie umso mißtrauischer die aufbrechende „Rechts"-Entwicklung in Österreich und treten für alle „verfolgten Minderheiten" ein, ohne jedoch den geringsten persönlichen Kontakt zu diesen Menschen zu haben.

Die „Märtyrer-Wärter" bestehen überwiegend aus Negationen, sie befinden sich in einer permanenten Abwehr-Situation, ihr Themenbogen reicht nur vom Holocaust bis Waldheim, und die „dünne Haut" ihrer Seele reagiert auf alle einschlägigen Vorkommnisse; sie katapultieren sich in ein krankhaftes Angerührtsein. Mein Freund, Michael Brooks, prägte in diesem Zusammenhang den Begriff des „Mimosaischen". Nur: „Mimosaisch" ist keine Religion!

Rom-Antiker oder: Ohne Assimilation keine Integration

Wieder einmal sollten Menschen, die man nicht als solche zu akzeptieren bereit ist, „heimgeschickt" werden. „Roma zurück nach Indien!" stand auf der Tafel, auf deren Sockel eine Bombe placiert war. Die vier jungen Roma, auch sie wollten nicht mit dem „Schimpfwort" „Zigeuner" bezeichnet und beleidigt werden, die die Schandtafel entfernen wollten, wurden von der explodierenden Bombe bei lebendigem Leibe zerrissen. Dann kam die Gendarmerie und ermittelte zunächst wegen „Selbstmord". Oder wegen Sippenfehde ... Wer kennt sich schon bei diesen „Zigeunern" aus? Irgendwie sind sie Freiwild. Auch in Österreich. „Zu Silvester 1993/94 wurde ein sechzehnjähriger Rom-Bub von einem Österreicher, der ‚Mein Kampf' in seinem Bücherschrank bewahrt, auf offener Straße mit einem Wehrmachtsbajonett erstochen. Der Bub hatte, wie viele andere in dieser Nacht, mit seinem 10jährigen Bruder Knallkörper auf der Straße geworfen. Etwa um dieselbe Stunde wurde in Wien in ein Lokal scharf geschossen, in dem Roma feierten. Diese Betroffenen waren freilich nur Roma in Österreich, keine echten Österreicher." (Renate Erich: „Zigeuner", in: „Mit der Ziehharmonika - Literatur Widerstand Exil", 12. Jg./1)

Roma, Sinti, Lovara und viele andere Stämme, kamen - als eine der letzten wirklichen „Arier" - aus Indien. Das war vor 1000 Jahren; bis dahin lebten sie als das Volk „Dom" in Punjab. Auf der Wanderschaft blieben sie stets unter sich und sie veränderten dabei nur ihren Namen: aus „Dom" wurde „Rom", die alttürkische Bezeichnung für „Mensch". Das (Schimpf-)Wort „Zigeuner" stammt, entgegen ihrer eigenen Schutzbehauptung, nicht aus dem deutschen „Zieh, Gauner", sondern aus dem byzantinischen „Atsiganoi" („Unberührbare"). Aus dieser Bezeichnung entstand ihr ungarischer Name „cigány" und der deutsche „Zigeuner".

Ähnlich den jüdischen Sephardim kamen die „Manusch-Sinti" aus dem Mittelmeer-Raum nach Westeuropa und sie erreichten, im Gegensatz zu den Sephardim, auch Deutschland und Teile Westösterreichs. Ihre zahlenmäßig eher wenigen Nachkommen unterscheiden sich heute noch von den „vielen" Roma, die aus Osteuropa - wie einst die jüdischen Chassidim - vor der Verfolgung flüchteten und nach Westen zogen.

Über die Zahl der Zigeuner - da wir in dieser Bezeichnung kein Schimpfwort sehen, werden wir diese weiterhin verwenden - gibt es keine verläßlichen Statistiken. Es ist mit großer Wahrscheinlichkeit anzunehmen, daß die meisten Spätabkömmlinge dieser frühen „Arier" in Rumänien (über 2 Millionen) leben; in den beiden Ex-Staaten (Jugoslawien und Tschechoslowakei) sind je 800.000, in Ungarn 600.000, in den GUS-Ländern und in Frankreich je 250.000 registriert. Im Vergleich zu diesen großen Zahlen leben in Deutschland lediglich 75.000, in Österreich 17.000 und in der Schweiz kaum 5.000 Zigeuner.

Die seßhaften Zigeuner in Österreich leben nahezu ausschließlich im Burgenland, als „ungarisches Erbe", und in Wien. Da sie - auch - in Österreich stets nur eine minimale Assimilationsbereitschaft zeigen, werden ihnen auch keine nennenswerten Integrationsmöglichkeiten geboten. Vor allem in den burgenländischen Dörfern, nach alter ungarischer Sitte, durften sie nicht im Dorf, sondern immer nur am Rande leben; sie werden immer noch mit scheelen Augen betrachtet, als „Diebe" herabgewürdigt und nur als Handwerker und Hilfsarbeiter für minderwertige Dienste in Anspruch genommen.

Der nationalsozialistische Terror traf die burgenländischen Zigeuner - zu dieser Zeit lebten in Wien kaum welche - voll und ganz. Wie die Juden wurden sie vom ersten Augenblick an verfolgt, viele verhaftet und in die Vernichtungslager verschleppt. Allein aus den mittel-westeuropäischen Ländern wurden fast eine Million Zigeuner bestialisch ermordet; zwei Drittel der damals 12.000 burgenländischen Zigeuner überlebten die NS-Tyrannei nicht; von einer „Wiedergutmachung" kann bis zum heutigen Tage keine Rede sein.

„Wiedergutmachung" - ein Fremdwort

„Wiedergutmachung" für Zigeuner blieb ein Fremdwort. Die materielle, da sie - im Gegensatz zu den jüdischen Opfern - kaum über rechtlich feststellbaren Besitz verfügten, wurde nicht einmal in Erwägung gezogen und auf die moralische Rehabilitierung verzichtete man „großzügig". Erst Mitte der 90er Jahre wurden sie in Österreich als eine eigene Volksgruppe (offizielle Minderheit) akzeptiert und ihnen die Gründung eines eigenen Volksgruppenbeirates, der mit finanziellen Zuwendungen ausgestattet ist, ermöglicht.

Seit Mitte der 80er Jahre, als der Kommunismus immer „barmherziger" und die Grenzen durchlässiger wurden, zogen auch verschiedene Zigeunerstämme Richtung Westen; aus Rumänien, Ungarn, aus Jugoslawien und aus der CSSR durften Roma, Sinti, Lovara, Kelderas, Arlije, Lejasa und andere den Weg in den gelobten Westen antreten. Diese kulturellen Mischungen und die anwachsende Zahl öffnete den Zigeunern den Weg zur Emanzipation. So entstanden auch in Österreich verschiedene Interessensgemeinschaften, wie das „Romano Centro - Forum für Roma und Nichtroma", der „Kulturverein österreichischer Roma und Sinti", beide in Wien, oder in Oberwart „Roma und

Sinti - Verein zur Förderung von Zigeunern". „Romano Centro" - dieses „Form für Roma und Nichtroma", sucht - wie schon der Name sagt - die Verständigung mit den „Gadjes" und will einen entsprechenden Beitrag zur Integration leisten.

Der absolute Ausgangspunkt der akzeptierten Anpassung der Zigeuner ist die Aufgabe ihrer Nichtseßhaftigkeit. Das geschah längst: Von den rund 12 Millionen Roma leben kaum zehn Prozent ohne festen Wohnsitz. Die in Österreich lebenden Zigeuner, vor allem die burgenländischen, sind seit Jahrhunderten seßhaft, nur die bereits erwähnten Lovara (der Name dieser Pferdehändler stammt wahrscheinlich von dem ungarischen Wort „ló" = „Pferd") zogen bis zum Zweiten Weltkrieg, hauptsächlich aus beruflichen Gründen, umher.

Die Freimachung des legistischen Weges zu einer anerkannten Minderheit in Österreich („Volksgruppe") bringt für die Zigeuner keine gesellschaftlich relevante Lösung. Da sich die Zigeuner selbst in keinem Land integrieren wollen, streben sie den nicht einmal völkerrechtlich legalisierten Status einer „Nation ohne Territorium" an. Die Anerkennung Ioan Cioabas („König der Roma in Rumänien und in der ganzen Welt") als „Beobachter" bei der UNO in New York löste weltweit eher Heiterkeit als eine politische Akzeptanz aus.

Es wäre falsch, den Integrationsprozeß der in Österreich lebenden Zigeuner durchwegs negativ zu bezeichnen. Das Gros der rund 17.000 österreichischen Zigeuner, die seit Generationen zunächst die ungarische und dann die österreichische Staatsbürgerschaft besitzen, kann man - wenn auch mit einem gewissen prestigemäßigen Vorbehalt - als Integrierte mit sozialer Benachteiligung betrachten. Ihre „Benachteiligung" wird nicht von „oben" angeordnet, sondern von „unten" verlangt, da ihr Ansehen in der burgenländischen Bevölkerung relativ klein ist. So konnte man, nur einige Wochen nach dem Oberwarter Bombenattentat, in einer Gastwirtschaft offen von den „leider im Dritten Reich nicht vergasten Zigeunern" hören, und niemand widersprach!

Wirklich problematisch und für die Roma und Sinti stark imageschädigend sind die rund 25.000 Zigeuner-Migranten aus Osteuropa, die sich - viele unter ihnen illegal - in Wien und in einigen Landeshauptstädten aufhalten. Sie kamen, im Gegensatz zu den rund 1500 Sinti und Lovara, die seit Generationen in Wien leben, erst vor einigen Jahren nach Österreich; sie sind meist rumänische Flüchtlinge, die im Zuge der „ungarischen Heimkehrer" aus Erdély (die ungarische Bezeichnung für Siebenbürgen-Transsylvanien) zunächst nach Ungarn flüchteten und von dort, halb-ausgewiesen, in Österreich landeten. Die in der Wiener City bettelnden rumänischen Zigeuner werden nicht nur von ihren Gegnern als „störend" empfunden.

Selbstgewähltes Ghetto

Die Wiener Sinti, Lovara, Kelderas, Arlihe, Lejasa und andere Stämme und Sippen, aber auch die burgenländischen Roma leben aus mannigfachen Gründen in einem mehr oder weniger selbstgewählten Ghetto. Dementsprechend gestalten sie ihr eigenes Leben. Nahezu alle Streitigkeiten unter Zigeunern werden nicht vor weltlichen Gerichten, sondern vor dem jeweiligen Stammeshäuptling ausgetragen, dessen Urteil voll und ganz akzeptiert wird. Ähnlich der richterlichen Gewalt chassidischer Rabbiner, wird hier eigenes Recht gesprochen. Diese legislative Abschottung ist nicht assimilationsfördernd, entspricht jedoch der Zigeunertradition und wird nur von Ausgestoßenen oder Vollassimilierten und -integrierten negiert.

Der Prüfstein einer echten Assimilationsbereitschaft ist auch unter Zigeunern, wie unter Juden oder Muslime, die

Mischehe. Es gibt natürlich, wie bei Muslimen, Mischehen, die nicht assimilationsfördernd sind. Aktuell wird die Frage, wenn ein Zigeuner eine Nichtzigeunerin heiratet. In diesem Fall muß der Stammeshäuptling, bzw. der jeweilige Ältestenrat, dieser Ehe zustimmen, und die Nichtzigeunerin wird verpflichtet, das Zigeunerrecht voll und ganz zu akzeptieren. Da diese rechtliche und soziale Unterwerfung von einem Nichtzigeuner kaum erwartet wird, muß jede Zigeunerin, die einen Außenstehenden heiratet, mit dem Ausschluß aus dem Stamm, aus der Sippe rechnen.

Der gesamte Prozeß der Zigeuner-Assimilation, bzw. der Aussperrung verläuft mehrschienig. Die sichtbare Emanzipation - ihre Vereine, kulturellen Aktivitäten und politischen Demonstrationen - stärkt die gesamte Gruppe, minimiert aber, zumindest nach außen hin, die Stammesunterschiede und kristallisiert das Zigeunerimage als Träger einer Roma- und Sinti-Kultur. Durch diese Emanzipation wird auch ihre kulturelle Tradition aus der mystischen Verschwommenheit in eine ideologische Handhabung transferiert.

Die durch Weichen erleichterte Mehrschienigkeit der Zigeuner-Assimilation kann bereits in ihren theoretischen Grundsätzen versagen. Verwenden wir die herkömmliche Integrations-Definition, wie es auch Wolf In der Maur in seinem Buch „Zigeuner“, Wien 1992, pflegt: „Unter Integration ist hier eine Entwicklung zu verstehen, in der eine ziemlich autonome Volksgruppe mit der oft beschworenen ‚eigenen Identität‘ als Ganzes mit der übrigen Gesellschaft verbunden wird - bei Wahrung starken Eigenlebens“, so bleiben (auch) die Zigeuner für ewige Zeiten Außenseiter. Soziale und ideologische „Fremdkörper“ - und nichts anderes bedeutet eine „Wahrung starken Eigenlebens“ - werden von der Mehrheit „en bloc“ nie aufgenommen und akzeptiert und erst recht nicht integriert. Die Buseks, Dohnals, Lacinas, Blechas und die vielen anderen wären sicherlich keine österreichischen Spitzenpolitiker geworden, wenn sie ihr tschechisches Eigenleben gewahrt hätten. Da sie niemals Tschechen waren, ist das für sie auch kein Problem. Vielleicht war es eines für ihre böhmischen Vorväter.

Die vielen integrationshemmenden Faktoren sind nicht das einzige (Gefühls-)Problem der Zigeuner. Die Holocaust-Überlebenden und ihre Kinder schmerzt es, wie bereits kurz erwähnt, daß über ihre Toten und Ermordeten kaum gesprochen wird. Auch das ehemalige Konzentrationslager Lackenbach im Mittelburgenland wurde erst im Jahre 1988 - im inflationären Ge- und Bedenkjahr - zu einer offiziellen „Gedenkstätte" erklärt. In einem Gespräch mit einem „Lovara österreichischer Staatsbürgerschaft" (Selbstdefinition eines, aus Südungarn stammenden und seit zwei Jahrzehnten in Wien lebenden Zigeuners) hörten wir ihre Hauptklagen: „Natürlich fühlen wir uns mit den Juden und ihren Opfern gefühlsmäßig eng verbunden. Den Juden gelang es jedoch, zumindest eine moralische ‚Wiedergutmachung' zu erringen, und über den Antisemitismus wird ständig und international geschrieben. Wie oft haben Sie schon", fragt er mich, „von einem ‚Antizigeunismus' gehört ...?" Ich mußte dem Mann recht geben und es hätte auch nicht viel Sinn gehabt, auf die unterschiedliche Assimilation zwischen Juden und Zigeunern hinzuweisen. Er hätte mich sicherlich mißverstanden.

In Österreich (wie auch in Deutschland) kann man nicht von einer echten Integration der Zigeuner sprechen. Die demokratische Gesellschaft fördert eine weitgehende Emanzipation, deren Kehrseite eine innere Erstarrung des freiwilligen Ghettolebens ist. Die Emanzipation der Zigeuner, so verständlich diese auch ist, die Suche nach ihrer mythologisierten Identifikation bleibt, wie auch bei anderen Minderheiten und Volksgruppen, eine nicht ungefährliche Fiktion und wird zum Vorspiel eines negativen Nachspiels, das von der Negierung über die Ausgrenzung bis zum Pogrom führen kann. Die Zigeuner „sind keine Nation, sie sind ein Sonderfall. So erliegen sie auch nicht einer Krankheit: Von einem ‚Romaismus' ist ihnen nie etwas bekannt geworden ..." (Wolf In der Maur: „Zigeuner", Wien 1992)

Eine gesellschaftspolitisch unvorbereitete Emanzipation ohne gemeinsame, übergeordnete Interessen führt - und das nicht nur bei den Zigeunern - zu einer gegen- und wechselseitigen Brutalisierung. Die übergeordneten Dachinteressen üben eine starke Schutzfunktion aus, ohne sie - etwas spitz formuliert - gibt es nur mehr Stammesfehden und Grabenkämpfe; die Autofahrerpartei gegen die Fußgängergemeinschaft, die Wiener gegen die Tiroler, die Nichtraucher gegen die Raucher, Rapid- gegen Austria-Anhänger.

Zu den vielen assimilations- und integrationshemmenden Schwierigkeiten der Zigeuner gehört auch der Mangel an „echten politischen Verbündeten". Obwohl sie gläubige Katholiken sind, erhalten sie - abgesehen von caritativen Tätigkeiten - keine wirkliche moralische Hilfe; übergeordnete staatliche Organe können nur Geldmittel flüssig machen und „Sonntagspredigten" erlassen; die örtlichen Behörden meiden - aus Rücksicht auf die Bevölkerung - den direkten Kontakt mit den Zigeunern und erst recht eine sie stützende Stellungnahme.

Niedrige Assimilationsbereitschaft

Echte Freunde, die auch bereit und gewillt sind, ihre niedrige Assimilationsbereitschaft als Hemmfaktor zu akzeptieren, haben die Zigeuner nicht; dafür - leider - umso mehr Gegner, deren Palette von der einfachen Abneigung, bedingt durch die soziale und optische „Andersartigkeit", bis zur konsequenten Feindschaft und Vernichtungsabsicht reicht. Die Zigeuner werden von rechten (Faschismus) wie von linken Diktaturen (Kommunismus) spiegelgleich verfolgt.

Vor allem seit dem verabscheuungswürdigen, feigen Attentat in Oberwart, haben auch die Zigeuner ihre „Märtyrer-Wärter"; aus den eigenen Reihen wie aus den der „Gadjes", wie sie die „Fremden", die Nichtzigeuner nennen.

Die meisten „Märtyrer-Wärter" aus den eigenen Reihen, immer noch auf den Oberwarter Mord bezogen, sind keine direktbetroffenen Roma, sondern Wiener Sinti, eine qualitativ gut ausgeprägte Minderheit innerhalb der Minderheit. Diese „Märtyrer-Wärter", die - im Gegensatz zu den jüdischen Reemigranten - selbst die Höllen der Konzentrationslager er- und überlebt haben, stellen sich gerne - als „Verkörperer der Verfolgten" - in den medialen Mittelpunkt. All das, was ihnen - wiederum im Gegensatz zu den Juden - jahrzehntelang verweigert wurde, wollen sie jetzt, solange die Oberwarter Ereignisse und ihre Folgen noch aktuell sind, nachholen; sie stellen sich und ihre „aufrüttelnde Kunst" in das TV-Scheinwerferlicht. Diese „Märtyrer-Wärter" - und das muß unmißverständlich festgehalten werden - sind über alle Maßen legitimiert, für ihr einst und immer noch „verfolgtes Volk" zu sprechen, das gewesene und das heutige Leid zu demonstrieren, die Geschichte zu dokumentieren und für die (zumindest nahe) Zukunft zu präparieren.

Halten wir die psychologische Situation fest: Die Sinti- und Roma-„Märytrer-Wärter" waren einst selbst direkte Opfer des Holocausts und jahrzehntelang zum Schweigen verurteilt. Sie versuchen jetzt, das entsetzliche Licht der Oberwarter Bombenexplosion auch auf sich zu lenken; sie sind froh, ihre Stimme erheben zu können, sie sind dankbar, daß sich die Medien mit ihnen und mit ihrem Volk lobend, positiv und leidschildernd beschäftigen. Mit „Oberwart" selber haben sie direkt nichts zu tun.

Anders als die Zigeuner-„Märtyrer-Wärter" in Wien reagieren die direkt Betroffenen in Oberwart. Sie haben vier ihrer Söhne, Väter, Kinder, Ehemänner durch den

Mordanschlag verloren. Sie leiden in nächster Nähe. Sie haben es nicht notwendig, „Märtyrer-Wärter“ zu sein. Wer die Wiener Pressekonferenz des Oberwarters Stefan Horvath, der nicht nur Sprecher seiner Gemeinde, sondern auch Vater eines des Opfers ist, gehört hat, der konnte es mit großem Staunen erleben, wie besonnen-schmerzhaft ein wirklich Betroffener reagiert. Stefan Horvath widersprach auch den negativen Journalistenberichten, die - anlaßgemäß - die Situation der Oberwarter Zigeuner zu negativ geschildert hatten.

Stefan Horvath, der um seinen ermordeten Sohn ein Leben lang trauern wird, zeigte Format: „Wir müssen einen Weg der Öffnung beschreiten. Der alte Weg war sicher falsch.“ (Mathias Schmelzer: „Den Weg der Öffnung gehen - ein Porträt des Oberwarter Roma-Sprechers Stefan Horvath“, in: „Ziehharmonika“) Horvath ist kein Träumer: „Nach dem Attentat war die Stimmung der Oberwarter uns gegenüber sehr negativ. Sie glaubten, zu Unrecht attackiert worden zu sein. Jetzt ist die Stimmung eher gespannt. Es gibt Gerüchte in der Stadt, die Wohnungen in der Siedlung würden umsonst umgebaut werden oder der Neubau würde umsonst sein. Die Leute wissen nicht Bescheid. Es besteht eine Spannung, die zum Greifen ist.“ Vorsichtig optimistisch schätzt er die Zusammenarbeit mit der politischen Gemeinde ein. „Momentan ist sie sehr gut. Wir werden bei den Projekten sehen, ob es in Hinkunft auch wirklich so weitergehen wird. Ich widme mich nur mehr unseren Anliegen, das andere ist komplett in den Hintergrund getreten. Ich versuche unseren Jugendlichen ein Vorbild zu sein und ihnen zu helfen. Wir haben riesige Probleme in den Schulen, wir haben Integrationsprobleme mit der Bevölkerung, wir haben riesige Probleme mit unserem Selbstbewußtsein.“

Zwischen dem medial eher stillen, dafür tatkräftig helfenden Stefan Horvath und den „Märtyrer-Wärtern“ aus den Wiener Zigeuner-Reihen könnte man den Obmann des „Kulturvereins österreichischer Roma“, Rudolf Sarközi, einen echten Wiener („I bin a Müllfahrer. I bin Roma, und i bin Österreicher“ - in: „Kurier“, 12. 2. 1995) postieren. Nach dem Oberwarter Attentat wurde Rudolf Sarközi von vielen Medien interviewt. Er ist dabei immer realistisch geblieben: „Traurig, daß es vier abscheulicher Morde bedurfte, damit man auf uns aufmerksam wird.“ („Kurier“)

Die Zahl der „Märtyrer-Wärter“, die sich - über Gebühr - für die Zigeuner einsetzen, ist klein; sehr klein sogar. Viel größer ist - leider - der Anteil ihrer Gegner, die sie negativ generalisierend mit allen möglichen, vor allem aber unmöglichen negativen Eigenschaften identifizieren. Dieses Vorurteil ist auch dort unerläßlich, wo es zumindest teilweise nicht ganz frei erfunden wurde. „Daß Zigeuner eine führende Rolle im Drogenhandel und im Prostituiertenmilieu spielen, wie oft behauptet wird, ist wohl übertrieben. Einzig auf die tschechische Hauptstadt Prag dürfte dies zutreffen. Das hat historische Gründe: Vor rund 15 Jahren sind viele Zigeuner von den Kommunisten aus der Slowakei nach Tschechien zwangsumgesiedelt worden, man brauchte dort Fabriksarbeiter. Mittlerweile gibt es diese Fabriken nicht mehr, die Zigeuner wurden ihrem Schicksal überlassen. Manche sind in der Kriminalität gelandet (was übrigens bei den Zigeunern verpönt ist).“ (Michael Wagner: „Roma im Rampenlicht“, in: „Die Furche“ 19/ 1995)

So manche „Rom-Antiker“ außerhalb der Roma- und Sintigemeinschaften bemühen sich rührend-eifrig, eine eigene „Zigeuner“-Kultur in das Rampenlicht der Öffentlichkeit zu zerren - dies auch gegen den Willen der Betroffenen. So behaupten positive Vorurteile, daß Zigeuner „mit der Geige in der Hand auf die Welt kommen“. Abgesehen von der äußerst schmerzhaften Geburtsprozedur, entspricht auch dieses „rom-antische“ Positiv-Vorurteil nicht den Gegebenheiten. Der angeblich große Musiker-Anteil unter den Zigeunern betrifft ausschließlich ihr sichtbares Erscheinungsbild. Die Tatsache, daß nur Künstler im weitesten Sinne im Vordergrund erscheinen, was auch alle anderen ethnischen und religiösen Minderheiten betrifft, darf über die „Normalität" der Zigeuner nicht hinwegtäuschen.

Kein „Volk der Geiger"

Gegen die erlogene Erscheinung der Zigeuner als „Volk der Geiger" (und der anderen Instrumente) wendet sich auch der Jazzist Harri Stojka: „Ich komme eher von der schwarzen Musik" und spricht sich unmißverständlich dagegen aus, daß Zigeunern die Musik „im Blut" liegt: „Wenn es das geben sollte, dann trifft das auf die Afrikaner zu." („Kirche Intern" 8/95)

Die aufgezwungene „kulturelle Identität" der Zigeuner kommt, wie erwähnt, von außen, von der „rom-antischen" Seite her. Die Musikwissenschaftlerin Ursula Hemetek (keine Zigeunerin) veranstaltete 1990 die erste „Zigeunerkultur-Woche" in Wien. Die Volksmusikforscherin der Musikschule Wien ringt nach historischer Legitimation: „Die Roma werden sich erst seit ein paar Jahren ihres Kulturschaffens bewußt, das bereits seit Generationen tradiert wird. Dabei gibt es nicht nur Volksmusik. Die Schöpfer der ungarischen Zigeunermusik im 19. Jahrhundert waren hochtalentierte Komponisten." (zitiert aus: „Kirche Intern")

Im Prinzip hat Frau Hemetek recht. Nur: Die „hoch talentierten Komponisten" in Ungarn, soweit sie in ihrem Milieu blieben, spielten ausschließlich in Gast- und Kaffeehäusern und trugen über die Fremdenverkehrs- und Operettenkanäle ihre Musik als „ungarische" hinaus. Auch spanische Zigeunermusik und Tanz („Flamenco") durchliefen ein ähnliches Schicksal. - Die echten Komponisten (die keine „Gebrauchsmusik" schrieben) und die Mitglieder weltberühmter Orchester entfernten sich aus ihren ghettoisierten Zigeuner-Sippen und gingen den schweren Weg der Assimilation; in Budapest, in Madrid, aber auch in Wien und in Berlin.

Wer den Zigeunern wirklich helfen und nicht nur die eigenen Komplexe kompensieren will, wie das die „Märtyrer-Wärter" zu tun pflegen, der sollte die Schwierigkeiten einer Integration, als Vorstufe eines besseren Images, beim Namen nennen; und sich auch vor wohlmeinenden Übertreibungen hüten. In diesem Zusammenhang zitiert Michael Wagner den von uns bereits erwähnten Oberwarter Roma-Vereinsobmann, Stefan Horvath: „Das ständige mediale Wiederkäuen von Vorurteilen habe auch negative Auswirkungen auf die Arbeit des Oberwarter ‚Vereins zur Förderung von Roma' gehabt. Horst-Emmerich Gärtner-Horvath, Geschäftsführer des Vereins, sieht sich vor einem Scherbenhaufen: ‚Meine ganze bisherige Arbeit ist fünf Tage nach dem 4. Februar zunichte gemacht worden. Man hat sich natürlich dann gefragt, wozu es unseren Verein überhaupt gibt, wenn ohnehin nichts geschehen ist.'" Wagner weiter: „Geärgert hat die Roma vor allem der Vorwurf gegen die Oberwarter Bevölkerung, sie prinzipiell zu diskriminieren. Stefan Horvarth: ‚So war es ja wirklich nicht. Wer sich von uns für etwas interessiert hat, der war nie ausgeschlossen. Es gibt zwar noch Lokale, die uns nicht wollen. Aber die sind in der Minderheit.' Auch wenn es in der Vergangenheit schlimmer war, wie er noch aus eigener Erfahrung weiß."

Bereits im Jahre 1990 erhob das Meinungsforschungsinstitut „Fessel & GFK" die negative Einstellung der Österreicher gegenüber „Minderheiten" und „Volksgruppen". Im Rahmen dieser Untersuchung antworteten auf die Frage, ob in den Volksgruppen eine Bereicherung für Österreich zu sehen sei, nur 23 Prozent der Befragten eindeutig mit „Ja". Hingegen verneinten 27 Prozent diese Auffassung, 49 Prozent waren ohne Meinung oder unentschlossen. Bei Facharbeitern und Arbeitern glaubten gar nur neun beziehungsweise sieben Prozent an eine Bereicherung durch die Volksgruppen. (aus: Franz Gansrigler: „So ist das gesunde Volksempfinden", in: „Die Furche", 18/1995) Interessant ist auch eine Gallup-Umfrage: Es wurde nach der gefühlsmäßigen Einstellung der (Durchschnitts-)Österreicher gegenüber ihren „Minderheiten" gefragt. Die Frage wurde absichtlich negativ formuliert: „Angehörige welcher Volksgruppen haben Sie lieber *nicht* als Nachbarn?" Die Angaben (in Prozenten) sind bezeichnend und entsprechen den täglichen Erfahrungen: Zigeuner (45), Serben (44), Türken (42), Rumänen (35), Kroaten (33), Polen (29), Slowenen (27), Juden (26), Deutsche (10).

Abgesehen davon, daß es sich in der Fragestellung weder um „Minderheiten", erst recht nicht um „Volksgruppen" im legistischen Sinne handelt, sondern schlicht und einfach um „Ausländer", um „andere", zeigen die Ergebnisse, daß sich die meisten Österreicher von optischen und akustischen Vorurteilen (kleinwüchsig, dunkel, laut) leiten lassen. Hinter diesen, auf der ganzen Welt bekannten „rassistischen" Vorurteilen - sie scheinen ein Teil der menschlichen Natur zu sein - verbirgt sich vor allem die Angst, „überfallen" oder zumindest „gestört" zu werden.

Diese „Naturgegebenheit" des Alltags-Rassismus darf nicht als Freibrief für Verfolgung mißverstanden werden. Genauso wie jeder Mensch sich ein Leben lang bemühen muß, z. B. gegen die eigenen „Süchte" anzukämpfen, muß auch dieser menschenvernichtende Rassismus zurückgedrängt werden. Verzichten wir auf diese lebenslange Erziehung gegen unseren angeborenen „Rassismus", so reißen wir einem neuen Holocaust Tür und Tor auf.

Zugegebenermaßen ist es außerordentlich schwer, gegen diese (kulturelle) Art der Menschenverneinung anzukämpfen; vor allem dann, wenn populistische Politiker „linker“ Provenienz uns täglich an „Auschwitz“ und „Oberwart“ erinnern. Diese professionellen „Märtyrer-Wärter“, die genauso wie ihre „Rechts“-Pendanten politisches Kapital aus Verneinung und Vernichtung bestimmter Gruppen schlagen, übersehen geflissentlich den außerordentlich niedrigen Sättigungsgrad der Mehrheit, die - aus psychologisch gleichfalls verständlichen Gründen - nach „Vergessen“ und „Schlußstrich“ verlangt.

Der richtige, zweckentsprechende Weg liegt auch hier in der berühmten „Mitte“: Mit psychologisch verfeinerten Mitteln, vor allem aber in homöopathischen Dosen stets die gesamte Situation vor Augen führen und die Integrationsbereitschaft vorantreiben.

Vom schlechten Gewissen geplagt, können auch die wohlmeinendsten Integrationsaktionen der „Märtyrer-Wärter“ nicht nur nichts fruchten, sondern - auf lange Frist gesehen - sogar kontraproduktiv wirken. So ein Beispiel liefert uns Ungarn, wo die Zigeuner noch nie menschlich behandelt wurden. Im Südwesten und Nordosten Ungarns - insgesamt mit rund 10 Millionen Einwohnern - leben 600.000 Zigeuner. Von den 13, in Ungarn offiziell anerkannten und registrierten Minderheiten, sind die Zigeuner, laut mehreren Umfragen, die unbeliebtesten. Um hier Abhilfe zu leisten, entstand in der südwestlichen Stadt Pécs (Fünfkirchen) das sogenannte „Ghandi-Gymnasium“ für besonders begabte Zigeunerkinder. Hier wird, neben der Vermittlung von westlich orientierten Unterrichtsgegenständen wie Soziologie, Computerkenntnisse und Kommunikation, vor allem darauf Wert gelegt, daß die Schüler dem eigenen Volk nicht entfremdet werden. „Mehr noch: Als Lehrer, Verwaltungsexperten oder Ärzte sollen sie später in die Roma-Gemeinschaft zurückkehren und ihr inneren Halt geben.“ („FOCUS“, 2/1995)

Die Grundidee der Zigeuner-Elite-Schule ist gut. „Roma-Kinder sind nicht dümmer als andere, aber das Schulsystem bietet ihnen nichts als Erfolglosigkeit", erklärt der Schuldirektor János Bogdán der FOCUS-Mitarbeiterin Harriett Ferenczi. Aus den Elite-Schulabsolventen sollen Lehrer, Ärzte, Anwälte werden; Berufe, die aus faktischen Gründen vielen Zigeunern bisher versperrt blieben. Würde diese Schule, und hier beginnt bereits die problematische Phase dieser an und für sich sehr gutgemeinten Aktion, eine ähnliche Funktion wie alle anderen Elite-Schulen der Welt erfüllen, dann könnten ihre Absolventen ohne Zweifel - als Vollintegrierte - in die Spitzenpositionen der ungarischen Gesellschaft aufsteigen.

Allerdings: Die verhängnisvolle Philosophie der „Märtyrer-Wärter" griff auch hier durch und sorgt dafür, daß die künftigen Akademiker die „Wurzeln zu ihrem Volk" nicht verlieren. Mit einem Wort: Sie sollen Zigeuner (Roma, Sinti, Lovara usw.) bleiben. In diesem Fall allerdings können die künftigen Ärzte und Anwälte ihre Ordinationen und Kanzleien bestenfalls in den ländlichen Städten Miskolc (Nordost) und Pécs (Südwest), in deren Einzugsgebieten die meisten Zigeuner leben, aufmachen, und ihre Patienten und Klienten werden keine „wohlhabenden" Ungarn, sondern „arme" Zigeuner sein. Die Geschichte zeigt uns, daß aus den „A-Schicht-Minoritätenvertretern" bestenfalls Berufsrevolutionäre - vom militanten Trotzki bis zum friedfertigen Ghandi - werden, die sich selber unglücklich und ihr Volk nicht glücklicher machen können. Als mehrfach frustrierte Ärzte und Anwälte werden auch sie die Integration der Zigeuner mit keinem Millimeter vorantreiben können. Die einzige Hilfe, die sie leisten können, liegt im fachspezifischen, aber nicht finanziellen Ausbau eines besseren medizinischen, rechtlichen und auch schulischen Dienstes für die Zigeuner. Das kann man allerdings nur mit beträchtlichen finanziellen Hilfen des ungarischen

Staates realisieren. Wer die ungarischen (slowakischen, rumänischen) Verhältnisse kennt, der weiß, daß staatliche Mittel für diesen Zweck kaum flüssig gemacht werden. So werden auch diese Integrationsbestimmungen scheitern. Das gleich aus zwei Gründen: Keine ungarische (slowakische, rumänische) Regierungspartei, die wiedergewählt werden will, getraut sich die notwendigen und beträchtlichen finanziellen Mittel den „Zigeunergemeinden" zur Verfügung zu stellen und außerdem haben sie vor einer besonders geschulten, gesunden und ihre Rechte wohl kennenden Zigeuner-Minderheit in Ungarn (in der Slowakei, in Rumänien) Angst.

Auch die FOCUS-Berichterstatterin Harriett Ferenczi ist in ihrer Schlußfolgerung eher pessimistisch: „Doch was wird in sechs Jahren? Werden die Eliteschüler noch Verständnis aufbringen für ihr Volk? Zurückkehren in den Keller mit dem Armengeruch? Direktor Bogdán ist zuversichtlich: ‚Einen Erfolg können wir doch bereits vorweisen. Wir haben gezeigt, daß man eine solche Schule in Ungarn organisieren kann.'" Dieser „Erfolg" des „berufsoptimistischen" Schuldirektors ist mager und unbegründet: Solche und ähnliche Schulen kann man immer und überall - sogar für Zigeuner in Ungarn - gründen: Da es auch unter den ungarischen Zigeunerkindern sehr viele intelligente und (hoch-)begabte Schüler gibt, kann man die Pécser „Ghandi-Schule" schnell füllen. Wie es aber nach dem Schul- und sicherlich einem darauffolgenden Universitätsabschluß weitergeht, das können weder Direktor Bogdán, noch die anderen „Märtyrer-Wärter" beantworten.

Verfolgt wurden und werden die Zigeuner - leider - nicht nur in Österreich und Ungarn, sondern auch in der Slowakei, deren rechtsgerichtete Regierung nicht sonderlich minderheitenfreundlich ist, aber auch im angeblich so „liberal-demokratischen" Tschechien, wo 1942 im (böhmischen) Zwangsarbeiterlager Lety über 6.000 Zigeuner bestialisch ermordet wurden. Erst im Frühjahr 1995 waren die Tschechen bereit, in Lety, auf Drängen ihres Staatspräsidenten Vaclav Havel, ein Denkmal zu errichten. Auch die in Lety und in Auschwitz-Birkenau ermordeten Zigeuner bleiben ein Teil der ex-tschechoslowakischen Geschichte. Allerdings: „Dieser Teil der Vergangenheit wurde - wie in fast allen betroffenen Ländern - auch in der ehemaligen Tschechoslowakei verschwiegen. Die in den Ostblockstaaten in den Nachkriegsjahrzehnten versuchte Zwangs-Assimilation von ‚Zigeunern' verlief wenig erfolgreich. Die Roma blieben außerhalb der Gesellschaft, wurden zur sozialen Randgruppe abgedrängt." Und weiter: „Seit der politischen Wende richten sich Rassismus und rechtsextremistische Gewaltaktionen vorwiegend gegen Roma. Mehr als fünfzig tschechische Roma wurden seit 1989 mißhandelt und/oder ermordet. Auch am Tage der Denkmal-Enthüllung gab es ein Todesopfer. In der ostböhmischen Stadt Zdar wurde ein fünffacher Familienvater vor den Augen seiner Kinder von jugendlichen Tätern tot geprügelt." Die Autorin lobt: „Die tschechische Regierung hat mit diesem Denkmal ein wichtiges Zeichen gesetzt. Soll es auch in erster Linie die Erinnerung an den nationalsozialistischen Zigeuner-Holocaust wachhalten, so zielt die Mahnung vor allem auf die aktuelle Menschenjagd ab. Und Vaclav Havel spielt dabei eine Vorreiterrolle. Seit Antritt seiner Präsidentschaft stellt er sich auf die Seite der Roma, übt Solidarität und übernimmt Schutzfunktionen - mit dieser Haltung steht er gegen die Mehrheit seiner Bevölkerung." (Erika Thurner: „Lety bei Pisek: Nationaldenkmal für die tschechischen Roma", in: „Mitteilungen der Gesellschaft für politische Aufklärung", 4/1995)

Die „Märtyrer-Wärter", diese „Rom-Antiker" einer einst verklärten „Zigeunerbaron"-Herrlichkeit (wilde Musik, heiße Liebe und ähnliche Operettenplattheiten) wollen die - leider mehr als unangenehme - psychologische Wirklichkeit der Menschen nicht wahrhaben. Unter den „romantischen Märtyrer-Wärtern" finden wir - aus Gründen einer verständlichen Verfolgten-Solidarität - relativ viele Juden. So auch die Schriftstellerin Anna Mitgutsch: „Der Staatsform nach leben wir in einer Demokratie. Aber eine Demokratie wird erst als solche wirklich funktionieren, wenn sie das der Gesellschaft zugrundeliegende Idealbild darstellt, d. h., daß sie diese Richtung auch dann nehmen würde, wenn man die Zügel der Demokratie losließe." Und bitter schließt die Autorin: „Der Richtung nach, die sich zur Zeit im politischen Kräftespiel andeutet, ist das Idealbild unserer Gesellschaft keineswegs die Demokratie, sondern nach wie vor ein autoritärer Führerstaat, in dem jene Gruppen ausgegrenzt werden, die auch im Dritten Reich zu den Opfern zählten." („Zieharmonika")

Dürfen wir Frau Mitgutsch widersprechen? „Demokratie", da sie jedweder Form unserer Arterhaltung und Positionsbehauptung (auch die der „Märtyrer-Wärter") widerspricht, ist als Ziel immer utopisch, dafür als Weg realistisch. Wir können uns zwar auch den endgültigen Gesetzesbruch der Schwerkraft zum Ziel setzen, trotzdem fallen wir aus allen Wolken universeller Menschenliebe, die wir uns in den schönsten Märchenfarben ausmalen. Wir sollten daher ein eindeutiges und unmißverständliches „Ja!" zur permanenten Lebenserziehung im Sinne der Humanität sagen, so winzigklein die einzelnen Schritte auch sein mögen, jedoch ein „Nein!" zur kontraproduktiven Politik der „Heuchler im Humanismusgewand"!

In kaum einem anderen „zivilisierten" Land gedeihen die zahlenmäßig zwar wenigen, jedoch mit voller medialen und politischen Unterstützung rechnen könnenden „Märtyrer-Wärter" der Zigeuner wie in Österreich. Diese ausgleichende Gerechtigkeit ist zwischen Boden- und Neusiedlersee nichts Unbekanntes. Analog zu dem nahezu reibungslosen Rollenwechsel nach 1945 - aus den Täter sind über Nacht Opfer geworden -, bevorzugen wir Österreicher eine ausgewogene Politik des permanenten Interessenausgleichs, wie die ausgewogene Moral einer mittelwegigen Politik. So nahm für Außenstehende und Nicht-Kenner dieses alpenrepublikanischen Spezifikums die „Wiedergutmachung auf österreichisch" recht skurrile Züge an. „Jede Initiative zugunsten der Opfer wurde von einer zugunsten der ehemaligen Nationalsozialisten begleitet, oftmals innerhalb derselben Sitzung des Nationalrates oder in kurz aufeinanderfolgenden Sitzungen. Insgesamt blieben die ‚Ehemaligen' jedoch stets im Vorteil ...", schreibt die ehemalige Pressereferentin des Dokumentationsarchivs des österreichischen Widerstands (DÖW), Brigitte Bailer, in ihrem Buch „Wiedergutmachung kein Thema. Österreich und die Opfer des Nationalsozialismus", Wien 1993.

Die Opferanerkennung im Nachkriegsösterreich verlief nur schleppend, widerwillig. Österreich erhielt bereits in der „Moskauer Deklaration" (1943) einen NS-„Opferstatus", an dessen Lüge heute noch - von wenigen Ausnahmen abgesehen (z. B. Bundeskanzler Dr. Franz Vranitzky) - festgehalten wird. Die verfolgten und ermordeten Zigeuner, bzw. ihre Familienangehörigen wurden gutteils, wie schon erwähnt, aus nahezu jedweder Wiedergutmachung ausgeschlossen. „Unterschiede zwischen Juden- und Zigeunerverfolgung gab es nur im Bereich der Verfolgungsbehörden. Dennoch wurde den Roma lange der Status von ‚rassisch Verfolgten' verwehrt. Die Stigmatisierung als ‚arbeitsscheu und asozial' brachte ihnen beträchtliche - teilweise unüberwindliche - Schwierigkeiten mit den Opferfürsorgebehörden. Mit Argumenten, die der NS-Rassenideologie und -biologie entlehnt waren, wurde die Verfolgung gerechtfertigt und die Einweisung in Lager als kriminalpräventive Maßnahme deklariert." (Erika Thurner: „‚Zigeuner' - Das Vorurteil als gesellschaftliche Platzanweiser", in: „SWS-Rundschau" 4/1995)

Die Entschädigung der Zigeuner war mühsam und von den Behörden nur widerwillig vollzogen. „Die 12. Novelle zum Opferfürsorgegesetz (1961) enthielt Teilzugeständnisse auch an die im nationalsozialistischen Österreich verfolgten und inhaftierten Roma/Sinti. Die ‚erlittene Freiheitsbeschränkung' in NS-Zigeunerlagern wurde mit geringen Geldsummen entschädigt (öS 350,-- pro Haftmonat statt öS 860,-- für KZ-Haft). Die Betroffenen blieben im Unterschied zu voll anerkannten KZ-Häftlingen weiterhin ohne Anspruch auf Opferrenten. Hier hat es erst 1988 - nach jahrelangen Bittgängen und Fürsprachen durch Opferverbände und engagierte Nicht-Zigeuner - ein Umdenken gegeben. Ein Teil der verfolgten Roma/Sinti war damals nicht mehr am Leben. Andere konnten aber auch seit dieser Opferfürsorge-Novelle ihren Anspruch nicht geltend machen. Die Hypotheken aufgrund früherer Lebenszusammenhänge und problematischer Existenzbedingungen behindern die Anfragstellung (z. B. Nichtseßhaftigkeit, Staatenlosigkeit, Straffälligkeit etc.)" (Erika Thurner)

Aus den Reihen der von Erika Thurner erwähnten „engagierten Nicht-Zigeuner" erwuchs - vor allem nach dem Oberwarter Mordanschlag - die dünne Schicht der Sinti-und-Roma-„Märtyrer-Wärter". Diese Menschen negieren notgedrungen die relativ starke grenzüberschreitende Fluktuation der Zigeuner wie die Neigung zur Straffälligkeit der in Österreich illegal lebenden Zigeuner, die vom einfachen Mundraub bis zu schweren Eigentumsdelikten reichen. Erfahrungswerte der Fremdenpolizei zeigen, daß sich nicht wenige Zigeuner auch unter die bosnischen Kriegsflüchtlingen mischen.

Füllstoff der Österreich-Frustration

Wir leben - und das nicht nur in Österreich - in einer neidgenossenschaftlichen Leistungs- und Konkurrenzgesellschaft, die gerne die „Schwachen" ausgrenzt. Auch diese sozio-ökonomische Tatsache negieren die „Märtyrer-Wärter", erst recht gegenüber den Zigeunern. In den Reihen dieser „Märtyrer-Wärter" finden wir, wie erwähnt, nicht wenige einst vertriebene und nach dem Krieg nach Österreich reemigrierte Juden, die zwar die physische Nähe der Zigeuner nicht sonderlich suchen, doch diese zum Füllstoff ihrer Österreich-Frustration machen. Als Folge ihrer Schuldkomplexe neigen die jüdischen Zigeuner-„Märtyrer-Wärter" zu einer Ausbreitung des eigenen Opferstatus. Auch diese symbolische Solidarität der „Märyter-Wärter" mit den Zigeunern geht über einfache karitative Hilfestellungen nicht hinaus. Alles andere dient nur mehr der eigenen Komplex-Kompensation.

Zigeuner galten vor der Nazi-Zeit, erst recht während und - leider - auch heute noch, als „Asoziale". Deshalb wurde ihre Verfolgung bis zum sogenannten „Auschwitz-Erlaß" (1942) auch aus heutiger Sicht nicht als „Endlösung aus rassischen Gründen", sondern bloß als „kriminalpräventive Maßnahmen" geweckt. Anders formuliert: Verfolgung und Verhaftung der Zigeuner war nach dieser Diktion nur eine Verhinderung möglicher krimineller Handlungen. An dieser Geisteshaltung, an diesem Unrecht hat sich bis zum heutigen Tag nichts geändert; und auch die Zukunft wird diesbezüglich nicht viel anders aussehen.

Menschen, die das Unrecht nicht legalisieren wollen, sondern das Legale zum moralischen Recht erheben, sollten - im Grunde genommen - Anhänger der Vollbeschäftigung und des sozialen Friedens sein. Das aus einleuchtenden Gründen: Nur wirtschaftlicher Wohlstand sichert nicht nur die parlamentarische, sondern auch die gelebte Demokratie. Ein Einbruch der guten Beschäftigungslage, eine Destabilisierung des sozialen Friedens erschwert vor allem das Leben der „Ausländer", der geduldeten „Andersartigen". Frustrierte Menschen, die - aus welchen Gründen auch immer - mit ihrem Leben unzufrieden sind, suchen sich „Sündenböcke". Juden, Zigeuner, von Homosexuellen und anderen Randgruppen ganz zu schweigen, „eignen" sich hervorragend für die äußerst undankbare Rolle der „Sündenböcke".

Diese Vorgangsweise ist allseits bekannt, unzähligemale beschrieben, analysiert und - nahezu - widerspruchslos angenommen. Neu hingegen - so hoffen wir es zumindest - ist die Umkehr-These: Auch die Mehrheit kann zum „Sündenbock" der Minderheit degenerieren. Dieser Umkehrpraxis frönen die „Märtyrer-Wärter" in exzessiver Form. Die Schuldfrage einer bestimmten Verfolgung ist nur in ihrer individuell-subjektiven Form eindeutig. „Verfolgung", wie auch andere Arten der Kriminalität, beginnen nicht erst bei der existentiellen Vernichtung stigmatisierter Menschen, sondern bei den ersten Ansätzen der Ausgrenzung, bei den Vorurteilen, bei den Vorverurteilungen. Es ist nicht schwer, stigmatisierte Menschen, wie Juden, Zigeuner, Ausländer usw., für Pest und Pocken, Krieg und Krisen verantwortlich zu machen. Allerdings: Dieser (Unheil-)Prozeß funktioniert auch in der anderen Richtung. Erreicht ein Jude die vor seiner Nase abfahrende Straßenbahn nicht, so ist er geneigt, vom „Antisemitismus" des Fahrers zu sprechen. Natürlich ist dieser Vergleich überspitzt, unrealistisch. Andererseits höre ich nicht selten meine jüdischen Schicksalsgenossen, die irgend etwas nicht „erreichen", von „antisemitischen Vorurteilen" sprechen. Wir kennen alle den Nachkriegswitz: Zwei Autofahrer streiten um einen Parkplatz. Fragt plötzlich der eine: „Sind Sie Jude?" Der andere verblüfft: „Nein, warum ...?" „Dann", sagt der erste, „sind Sie ein Schwein ...!"

Diese Nachkriegszeit der Übervorsichtigkeit ist längst vorbei; wir schrieben bereits darüber. Heutzutage, vor allem seit den „Waldheim-Jahren", liest man auch antisemitische Leserbriefe, und verschiedene Großkolumnisten im Kleinformat scheuen sich nicht, mehr als „judenkritische" Artikel zu publizieren.

Zigeuner profitierten von diesem kurzlebigen moralischen Schutz der Nachkriegszeit keine Sekunde lang; das „herumzigeunernde Diebsvolk" durfte man stets beleidigen, da hinter ihnen kein „US-Lobby" steht. Hier versuchen, wenn auch ohne sichtbaren Erfolg, jüdische und nicht-jüdische „Märtyrer-Wärter", den Schutz dieser „Ur-Arier" wahrzunehmen. Auch sie unterliegen, bei allem Wohlwollen und humaner Anständigkeit ihres Tuns, dem Irrtum der einseitigen Schuldzuweisung und der Nichtakzeptanz des Assimilationsunwillens der Zigeuner.

„Rom-Antiker", wie auch alle andere Erscheinungsformen der „Märtyrer-Wärter", sind keine bösen, unanständigen Menschen; was wir an ihrer leider nur selten sinnvollen, dafür fast immer kontraproduktiven Vorgangsweise kritisieren, ist die naive Unkenntnis gesamtgesellschaftlicher Notwendigkeiten und Gegebenheiten - auch im Interesse ihrer Schützlinge. Das unbestreitbar Positive an den Aktivitäten (auch) der „Rom-Antiker" ist ihre Anständigkeit: Sie vergessen nie, auf die Würde der Minderheiten zu achten. „Mir ist es bei all meinen Forschungen daher wichtig, die betreffenden Menschen und Gruppen auch in ihrer Würde und mit ihren Kniffen, um Würde zu bewahren, zu beschreiben. Mir brachte und bringt dies zwar häufig den Vorwurf ein, ich würde Randgruppen romantisieren. Aber ich trage diesen Vorwurf mit Würde ..." (Roland Girtler: „Randkulturen - Theorie der Unanständigkeit", Wien 1995)

Die „rom-antischen" „Märyter-Wärter" erhielten eine kurze Zeit nach dem Oberwarter Bombenterror die mediale Unterstützung und die, für staatliche wie für private Hilfeleistungen unerläßliche, notwendige öffentliche Aufmerksamkeit. Wie lange dieses Strohfeuer einer - seitens der Öffentlichkeit - gekünstelten und erlogenen Anteilnahme anhält, kann man sich leicht ausrechnen: nicht lange! Es ist nur zu hoffen, daß dieses Strohfeuer keine „Nahrung“ von neuen Anschlägen auf Zigeuner-Siedlungen erhalten wird. Den „Rom-Antikern“ unter den „Märtyrer-Wärtern“ müßte das anhaltend schlechte Image der Zigeuner in Österreich - und leider nicht nur hier - zu denken geben.

Wir wünschen, und das meinen wir ehrlich und nicht zynisch, diesen Freunden der Zigeuner unermeßliche Kräfte für ihre Sisyphus-Arbeit.

Rand-Euphoriker oder: Spartacus, der Schutzpatron

Es ist so schön, „edel" zu sein! Menschlichkeit, Nächstenliebe, Caritas, Befreiung der Unterdrückten und schließlich der Kampf für eine „bessere Welt" sind edle Tugenden der „Schöngeister" aller Jahrhunderte und vieler - allerdings nur „gehobenen" - sozialen Schichten; die unteren sind nämlich mit der Bewältigung ihrer täglichen Not vollkommen ausgelastet. Wer für das tägliche Brot kämpfen und arbeiten muß, der hat keine Zeit, die Welt zu verändern. So bleibt diese edle Aufgabe für die Wohlhabenden übrig. Humanismus war immer schon ein Luxusgut der Satten!

Um die Geschichte dieser „edlen Naiven" nicht bei Adam - die lebenstüchtige Eva gehörte wohl nicht mehr in diese Kategorie der Tugendhaften - beginnen zu müssen, beschränken wir uns jetzt auf die, nicht minder „edlen" Ideen der *Aufklärung*, die unsere Zeit wohl am stärksten prägt.

Viele der großen Befreier unterdrückter Menschen, bzw. ihre Polit-Nachfolger entpuppten sich als neue Diktatoren und Freiheitseliminierer. Lenins Kommunismus wollte ein neues Menschenideal formen, wovon bereits sein Wegbegleiter Trotzki nicht sonderlich viel hielt. Der Theoretiker der „permanenten Revolution" hat somit seinem indirekten Mörder Stalin den geistigen Weg geebnet.

Die Aufklärung signalisiert uns die gesellschaftliche Umbruchlinie zwischen Mehrheit und Minderheit: Beherrschten in der europäischen Voraufklärungsgeschichte eine kleine Minderheit (Adel, Klerus) die Mehrheit (Bürger, Bauern und Arbeiter), so drehte sich diese Relation ab der Mitte des vorigen Jahrhunderts um; die Minderheiten erkämpften sich immer mehr Rechte, und die Mehrheit wurde systematisch entmachtet und zum „Schweigen“ verurteilt.

Dieser Umkehrprozeß, den wir als die „Diktatur der Minderheiten“ bezeichnen, ist das realpolitische Resultat der Aufklärungsideologie. Aus diesem Grund und um die Psycho-Philosophie der Subkultur-Fanatiker, die wir „Rand-Euphoriker“ nennen, besser zu verstehen, wollen wir uns an dieser Stelle kurz mit den wichtigsten und jetztzeitbezogenen Aspekten der Aufklärung beschäftigen.

Wladimir Iljitsch Uljanow, der unter dem Pseudonym „Lenin“ in die Geschichte und mit ihm die Hoffnung auf Demokratie in Russland einging, sagte sinngemäß über die Alpenmonarchisten: Sollten die österreichischen Revolutionäre einen Bahnhof erstürmen wollen, so würden sie zuerst Bahnsteigkarten kaufen! Lenin, der in einem plombierten Eisenbahnwaggon nach Russland verfrachtet wurde, um dort das zaristische System mitzustürzen, kannte als einstiger Gast im Café Central die Österreicher.

Dieser rote Schwarzfahrer war nicht nur ein erfolgreicher Profi-Revolutionär, sondern auch ein ausgezeichneter Prophet: Die Welt wird immer österreichischer; vor allem, was die Aufklärung anbelangt.

Für Kant symbolisierte die Aufklärung den „Ausgang des Menschen aus seiner selbstverschuldeten Unmündigkeit“ (1784).

Heutzutage wären wir froh, wenn es uns gelänge, den Notausgang aus unserer unverschuldeten Mündigkeit zu finden. Wir sind nämlich - nach Recht und vor Richter - erwachsene, mündige Menschen, die allerhand dürfen: Wir dürfen wählen, meist den, der die besten Gags am Marktplatz von sich gibt, und wir sind mächtig stolz auf alle Einrichtungen unserer pluralistischen Demokratie. Nur vor den ohrenbetäubenden Schimpfkanonaden der „schweigenden Mehrheit“, mit denen sie auf graue Spatzen und bunte Vögel schießen, fürchten wir uns ein wenig.

Die Aufklärung, die nichts dafür kann, daß der Weg von der Guillotine zur Gaskammer gar nicht so weit war, betet die Vernunft an und das immerhin seit der Zeit der „Großen Generation" (Popper) griechischer Philosophen Sokrates, Demokrit und Herodot, die alle ein halbes Jahrtausend vor unserer Zeitrechnung lebten.

Wer sich verständigen will - so Sokrates -, benötigt die Mittel der Vernunft und die Kritikfähigkeit.

Zu Beginn des Mittelalters hörte man überall: „Aufklärung, bitte warten!". Ungeduldige konnten jedoch dem Umleitungsschild „Richtung: Vernunft" das ganze Mittelalter hindurch bis hin zur Renaissance und zum Humanismus folgen. Am Ende dieses Weges - im 18. Jahrhundert - ertönt das große Aufklärungs-Halleluja an allen Ecken und Enden des damals schon alten Kontinents.

Die Aufklärung hatte in Deutschland und in Österreich jedoch kein allzu großes Echo. In Deutschland nicht, weil dort Kant, Hegel und Marx die Grenzenlosigkeit der Theorie ohnedies schon über Gebühr strapazierten und die Praxis negierten; in Österreich nicht, weil hier der Reformkaiser Joseph II. die praktische Seite der Aufklärung der Französischen Revolution vorwegnahm und die Theorie - schon damals - lieber den Deutschen überließ.

Die zweite Aufklärung erreicht uns Ende der sechziger Jahre unseres Jahrhunderts. Wieder einmal sind die deutschen Theoretiker (Adorno, Horkheimer und Marcuse), deren Lehren in Paris erprobt werden, führend. Joseph II. ließ seine Gesetze zuerst in Galizien verwirklichen, Marcuse in Paris.

Die Idee der ersten Aufklärung (Vernunft, Verantwortung, Freiheit und Gleichberechtigung) und die der zweiten Aufklärung (Instrumentalisierung der Menschen, Kampf gegen die Eindimensionierung und die neuen, subtilen Unterjochungsmechanismen) sind nahezu deckungsgleich. Der einzige Unterschied liegt in der Vernebelungstechnik der Soziologenlateiner.

Die zweite Generation der zweiten Aufklärung (z. B. der deutsche Philosoph Habermas und der österreichische Biologe Riedl) sind mit den Folgen der Aufklärung alles andere als zufrieden.

Habermas blickt in Richtung Dritte Welt und spricht anläßlich der sozialen und mondialen Verwüstung in diesen Ländern von den „Wunden der Aufklärung". Riedl, der revolutionäre Erkenntnistheoretiker, hält unser Jahrhundert für das „Zeitalter der Abklärung", womit Habermas den ökologischen „Schlamassel, welchen die sozial-kapitalistischen Erfolgsgesellschaften - in Ost und West - ... angerichtet haben ...", geißelt.

Habermas Rezept - mehr Weisheit als Macht, vertiefte Bildung, Ausbruch aus dem Teufelskreis des Wachstums- und Konsumzwangs - ähnelt dem der Prä-Aufklärer in der griechischen Philosophie.

Die große Chance der Aufklärung - nie langweilig und überholt zu sein - liegt in ihrer utopischen Forderung; sie ist mehr Ziel als Weg, mehr Wunsch als Wirklichkeit.

Aufklärung und Revolution gehören - und das nicht nur 1789 in Paris - zusammen. Sie beeinflussen und beflügeln sich gegenseitig. Sie haben aber mit dem Niederreißen alter Ordnungen soviel zu tun, daß sie keine Möglichkeit haben, neue aufzubauen. Sie befinden sich beide in einer dynamischen Dialektik.

Die Revolution frißt - bekannterweise - ihre Kinder und die Aufklärung scheidet sie aus.

Aus dieser auf- und abgestoßenen Masse werden die neuen Aufklärer und die neuen Revolutionäre geformt. Die Länder der Dritten Welt und Osteuropas zeigen uns, wie das funktioniert.

Die Philosophin und Jaspers-Schülerin Jeanne Hersch spricht in Zusammenhang mit den Idealen der Aufklärung über die „Versuchung der Engelhaftigkeit“ und meint damit die „Herrschaft des Gesetzes, das sich der Mensch selbst gegeben hat und eben darum keine Fremdbestimmung enthält.“ Frau Hersch hat recht: Diese Postulate sind von wahrhaftiger Engelhaftigkeit.

Der wohl größte Fehler der Aufklärer aller Zeiten und Länder ist das Leugnen des Sinnlichen, des Psychischen. Die „Wahrheit“ war für sie immer wichtiger als die Wirklichkeit, sie himmelten die Theorie an und vernachlässigten die Praxis. So ließen die Aufklärer - dem berühmten Zauberlehrling gleich - den (bösen) Geist des Nationalismus aus seiner Flasche. Auf das noch kleine, putzige, tolpatschig-jugendliche Geistchen des Klein-Nationalismus, das voll theatralischem Enthusiasmus die 1848er Revolutiönchen entflammte, war Mutter Aufklärung noch mächtig stolz. Daß sieben-acht Jahrzehnte später aus dem hübschen, vor Idealismus glühenden Jung-Nationalismus ein häßlicher, miesmutiger Greis des blutigen Faschismus in Berlin und Budapest, in Rom und Madrid wurde, das paßte Mutter Aufklärung längst nicht mehr. Mit diesem „fürchterlichen Kind“ wollte sie nichts mehr zu tun haben - und deshalb schwieg sie bis 1968, als die Studenten so ähnlich begannen, wie es ihre Ur-Ur-Väter 1848 taten.

Alle Aufklärer - von Sokrates über die Humanisten und die Enzyklopädisten bis hin zu Adorno - wählten den Weg der geringsten Anstrengung und begnügten sich mit der Auslösung des größten Widerstandes: Sie wagten nie den Abstieg in die menschliche Psyche, sondern flüchteten auf die Höhen der Barrikaden: Der Kampf mit der Waffe war für sie immer wichtiger als der Krampf mit der Seele.

Eine Zeile Sigmund Freuds ist mutiger als alle Bände der Enzyklopädisten, der Marxisten und Adornos Schriften.

Kein Wunder also, daß nach dem Verdampfen der revolutionären Rauchwolken die Völker der „Ersten Welt“

mit den letzten Ergebnissen der Aufklärung herzlich wenig anfangen können:

- Die *„Gleichberechtigung"* mündet in einer geisttötenden Gleichmacherei. Alles wird nach unten nivelliert und eine elitenfeindliche Schul- und Bildungspolitik erzeugt die Massenware besserer Analphabeten.
- Die *„Versammlungsfreiheit"* endet in den muttertäglichen Ausflugslokalen und das *„Briefgeheimnis"* ufert in den endlosen Drucksorten aus.
- Die politische *„Selbstbestimmung"* der Bürger führt wahlsonntäglich schnurstracks in die Ausflugswälder. Nur wer auf irgendeine Partei erbost ist, geht - die andere - wählen.
- Die *„Gewissensfreiheit"* schließlich - eine der wohl wichtigsten Errungenschaften der Aufklärung - wird zu wörtlich genommen: Wir befreien uns gänzlich von unserem Gewissen.

Das Resultat läßt sich sehen: Das (bisherige) Endprodukt aller Aufklärer und Freiheitskämpfer ist der satte, dümmliche Bürger, der sich von den Massenblättern in den Blättermassen vollständig entmündigen läßt, der täglich fernsehen muß, um das Naheliegendste nicht zu sehen, der in der großen, trägen Masse der „gesunden Volksseele" hin und her schwappt. Er ist ekelerregend.

Dieser, mit einem relativen Wohlstand niedergespritzte Kassenpatient, der mit Schweinsbraten und grünem Veltliner „mundgespült" wird, symbolisiert das, was die Menschen immer schon waren: massenhaft träge und leicht entzündbar.

Unruhige Möchte-gerne-Eliten rufen nach neuen Ideen, nach Visionen, Revolutionen oder nach einer neuen Aufklärung: Nennen wir es die *dritte Aufklärung*.

Die dritte Aufklärung hat es besonders schwer. Vor allem weil es an sichtbaren Feinden fehlt. Unsere Aristokratie beherrscht nur mehr die Klatschspalten der Zeitungen, die Kirche ist mit sich selbst beschäftigt und heilt ihre selbstaufgerissenen Wunden mal mit progressiven, mal mit konservativen Mitteln, deren Heilwirkung genauso schwach sind, wie die Heilslehre einer politisierenden Kirche.

Auch die weltlichen politischen Mächte büßen - im Gegensatz zum Einkommen ihrer Repräsentanten - die Autorität, gleich Kirche und Adel, ein. Minister werden nicht mehr von revolutionären Massen, sondern von den Massenmedien gestürzt.

In Ermangelung eines handfesten Feindes muß sich die dritte Aufklärung, die sicherlich nicht die letzte ist, mit positiven Inhalten begnügen. Da diese Haßlosigkeit jedwede Massenwirkung ausschließt, ist die dritte Aufklärung nicht nur für einen elitär-esoterischen Kreis aufgeweckter Menschen interessant. Während sich die heutigen Parteien - zwischen alternativ-grün und -braun samt allen anderen Rot- und Schwarzschattierungen, inklusive der Farblosen - ausschließlich auf der lukrativen Oberfläche tummeln, müssen Vertreter der dritten Aufklärung in die Tiefe menschlicher Bedürfnisse eintauchen.

In diese Tiefe der psychoanalytischen „Es", im Biologischen schlechthin, finden wir allerhand Wünsche und Wirklichkeiten, Ängste und Alpträume - nur eines nicht: die Vernunft.

Die helle Schar aufgeregter Aufklärer, die sich auf der Oberfläche rund um den Einstieg in das Innere der Psyche tummeln, sind sichtlich verzweifelt, rufen sogar nach einer „Aufklärung über Aufklärung" und sind bereit, die Grenzen des mathematisch-naturwissenschaftlichen Denkens zu akzeptieren. Mit einem Wort: Sie betreiben Hochverrat an der (herkömmlichen) Aufklärung.

Bevor jedoch linke Erschießungskommandos Rache an den „Hochverrätern" üben, wagen einige Aufklärer den Abstieg, wobei ihr Seil aus Kant'schen Imperativen ist. So warnt Johann Baptist Metz vor einer „neuen Form der Unmündigkeit, an der Unmündige nicht leiden, weil sie diese für ihren Vorteil halten". Metz braut an einer Mischung von theoretischen Aufklärungsleitsätzen und einem praktischen Christentum.

Nun, das wäre doch das falsche, weil nicht für alle benützbare Seil: Außerdem sollte Konfession mit Religion nicht vermengt werden.

Die Aufklärer sind weder einsilbig, noch einseitig; sie haben so ziemlich alles ausprobiert. Auch die nichtkonfessionelle Religion. So findet Rousseaus „Gefühlsreligion" nicht in den prächtigen Domen und auch nicht in schmucklosen Bethäusern statt, sondern in der freien Natur, zum Himmel offen. Rousseaus einziger Nachteil ist die Konfessionalisierung seiner Konfessionslosigkeit. In seinem idealisierten „Natur"-Bild entfernt sich nämlich der Genfer Früh-Aufklärer genauso wie seine heutigen Spät-Epigonen in der grünen und alternativen Polit-Szene von der sozialpsychologischen Wirklichkeit.

Eine wirklich nichtkonfessionelle Religion setzt Dogmenlosigkeit voraus. Und genau das trifft weder auf Rousseau, der nur „Wilde" und „Kinder" für nichtentfremdete, mit sich und der Natur in voller Harmonie lebende Wesen hielt, noch auf die heutigen Grün-Alternativen, die ihr Heil nur im Kampf gegen Kraftwerke sehen, zu.

Die abgeklärten Aufklärer haben schon immer alles besser gewußt als die anderen. Kopfschüttelnd begegneten sie dem auf dem Athener Marktplatz sitzenden Sokrates, der, nicht unbedingt zur hellsten Freude seiner Frau Xanthippe, sehr viel vom Reden und sehr wenig vom Gelderdienen hielt und der seine Mitbürger durch eindringliches Fragen zum „Wissen des Nichtwissens" aufklären wollte. Um der sokratischen Methode des ruhelosen Fragens, der permanenten In-Frage-Stellung alles Herkömmlichen ein Ende zu setzen, haben ihm seine lieben Mitbürger den Schierlingsbecher gereicht.

Und die abgeklärten Aufklärer, die das Gefühl hatten, schon genügend bei Sokrates gelernt zu haben, wandten sich bedauernd-kopfschüttelnd („Also, die Götter hätte er doch nicht in Frage stellen dürfen!"), aber auch etwas erleichtert, der eigenen Trägheit zu.

Die abgeklärten Aufklärer hatten auch für die Französische Revolution nicht viel übrig; sie zählten nur die abgeschlagenen Köpfe und nicht die Zöpfe veralteter Herrschaftsformen. Zunächst fürchteten sie sich vor dem König, dann beweinten sie Ludwigs Hinrichtung.

Ihr nächster Feind hieß Danton, bis Robespierre auch ihn einen Kopf kürzer und seinen Ruf besser machte. Jetzt blieb aus der jakobinischen Galerie der gefürchteten Feindbilder nur mehr Robespierre übrig. Alle abgeklärten Aufklärer haßten Frankreichs Diktator, bis auch er - am 9. Thermidor, das war der 27. Juli 1794 - die Einbahnstraße zur Guillotine betreten mußte. - Daß der wohl blutigste aller Revolutionäre, Robespierre, von den abgeklärten Aufklärern beweint wird, nahm niemand an. Und welch' Wunder: Plötzlich und wehmütig erinnerte man sich daran, daß Robespierre, im Gegensatz zu seinen ehemaligen Mitstreitern, dem Atheismus abschwor und das Dasein des „Höchsten Wesens" und die Unsterblichkeit der Seele sogar vom Konvent zum Gesetz erheben ließ. „Also", raunten sich die abgeklärten Aufklärer, die sich schon vor Napoleon zu fürchten begannen, zu: „So schlimm war Maximilian doch nicht ..."

Die zweite Aufklärung (Adornos unfreiwillige Studentenrevolte 1968) nahmen die abgeklärten Aufklärer erst gar nicht zur Kenntnis. Mit ihrer lapidaren Weisheit - „An den Universitäten sollte man studieren und nicht demonstrieren!" - wollten sie die aufgeweckten Geister und Gemüter auf die Schul- und vor die Hobelbank zurückdrängen. Angesichts der akademischen Arbeitslosigkeit können die abgeklärten Aufklärer ihre Schadenfreude kaum verbergen; nur für die Joblosigkeit der eigenen Kinder haben sie kein Verständnis - sie sind nämlich die einzigen, die „unbedingt studieren mußten".

So werden uns die abgeklärten Aufklärer auch in die dritte und jede weitere Aufklärung mit ihren Ängsten und Unsicherheiten, vor allem aber mit ihrer Besserwisserei und feigen Anpassung an alle Herrschaftssysteme begleiten.

Diese abgeklärten Aufklärer haben aber auch etwas Gutes: Man kann sich so herrlich von ihnen unterscheiden.

Wir, Kindeskinder der Aufklärung, haben es uns zur Gewohnheit gemacht, alles in Frage zu stellen. Fragen sind gut und nützlich, problematisch wird es nur, wenn jeder Mensch nur fragt und niemand antwortet. Natürlich mangelt es auch in unserer Zeit nicht an „Antworten"; jetzt gibt es sogar mehr Antworten als Fragen. So erteilen uns Fundamentalisten wie Progressive, Linke wie Rechte, Politiker der kleinen Groß- und solche der großen Kleinparteien bereitwillig und auch ungefragt Antworten. Ehepaare, Kinder und Eltern, Chefs und die, zu „Mitarbeitern" hochgelogenen Untergebenen, haben immer - am liebsten ungefragt - eine Antwort parat. Bei all diesem neckischen Spiel einer langsam chaotisch werdenden „emanzipatorischen" Gesellschaft geht leider der Humor verloren.

Und so gibt es keine lustigen Antworten auf listige Fragen mehr. Vielmehr haben wir es uns angewöhnt, alles „sehr ernst" zu nehmen, vor allem wenn es um die „Rechte" gesellschaftlicher Außenseiter und Randgruppen handelt, die von der verhaßten Mehrheit eine finanzielle Unterstützung fordern und verlangen.

Die künstliche Bezeichnung der „Rand-Euphorikern" signalisiert eine natürliche Eigenschaft gar nicht so weniger Menschen („Märtyrer-Wärter"), die sich und ihre unmittelbare Umgebung zugunsten bestimmter Benachteiligter bevorzugen. „Randgruppen“ gibt es in jeder Gesellschaft; es sind Menschen, die aus unterschiedlichen Gründen Lust und Leistung der Mehrheit negieren. Diese Randgruppen, die nichts mit Gewohnheit, Einstellung und Zielvorstellung der Mehrheit zu tun haben wollen, sind vielschichtig, farbenfroh, uneinsichtig, fordernd und außenseitig. Bezogen auf die „Minderheiten-Wärter“, die hier als „Rand-Euphoriker“ in Erscheinung treten, unterscheiden wir zwischen Randgruppen mit positivem und negativem Image, wobei die Wertung nur von den „Menschen(zwangs)beglückern“ vorgenommen wird.

Zu den „positiv“ bewerteten und angesehenen Randgruppen gehören Homosexuelle, Drogenabhängige und Jugend(klein)kriminelle. Zu den „negativen“, nicht-unterstützungs-würdigen Randgruppen gehören - immer noch aus dem Blickwinkel der „Märtyrer-Wärter“ - die Prostituierten mit ihren Zuhältern und die jugendlichen Neo-Nazis.

Subgruppen sind keine Minderheiten, ihre Organisationen (Interessenvertretungen) werden weder staatlicherseits unterstützt, noch genießen sie, wie z. B. die „Homosexuellen Initiative“ oder die Nutten-Gewerkschaft eine gesellschaftliche Anerkennung.

„Minderheiten-Wärter“ unterstützen, wie bereits erwähnt, vor allem drei gesellschaftliche Randgruppen:

- Drogenabhängige
- Jugendkriminelle
- Homosexuelle

Wir wollen hier die ausschließlich psychologisch motivierten, theoretischen und nur selten praktischen Aktivitäten der „Rand-Euphoriker“ durchleuchten. Bereits hier zeigt sich die einzige Gemeinsamkeit der „Rand-Euphoriker“ gegenüber allen drei Gruppen: Der direkte Kontakt beschränkt sich auf ein Minimum, und ansonsten begnügen sich die „Rand-Euphoriker“ mit feier- und festtägigen Lippenbekenntnissen. Das ist im Prinzip nichts Neues, da auch die „Rom-Antiker“, die selber keine Zigeuner sind, die Nähe ihrer Schützlinge eher meiden. Neu hingegen ist die, wenn auch durchaus verständliche und legitime, ideologische Selektion der „Rand-Euphoriker“: Sie akzeptieren nur solche Rand- und Subgruppen, die in ihr ideologisches Bild passen.

Bevor wir uns, immer vom Blickwinkel der „Rand-Euphoriker“ aus betrachtet, mit diesen drei Randgruppen, bzw. -kulturen beschäftigen, sollten wir uns einige ernsthafte Gedanken über diese Gruppen machen. Als Vordefinition ein Wort zum Begriff „Gruppe“ selbst: Es handelt sich dabei immer um eine überschaubare Anzahl von Menschen, „die durch gemeinsame Interessen und Strategien der Lebensbewältigung sowie durch gewisse Symbole, wie eine charakteristische Sprache, eine besondere Tracht oder bestimmte Rituale, miteinander verbunden sind.“ (Roland Girtler) Über die spezifischen Symbole und Strategien der Subkulturen werden wir uns noch Gedanken machen.

Schwule: jüdisch-christliche Distanz

Zu den spezifischen Strategien homosexueller Gemeinschaften gehört auch eine breite, vor allem aber werbewirksame Öffentlichkeitsarbeit (wie z. B. das berüchtigte „Outing“ angeblich homosexueller katholischer Bischöfe in der österreichischen sommerlichen Schwüle 1995), die vor nichts zurückschreckt.

Die große Schwellenangst der Durchschnittsbevölkerung unserer kulturellen Breitengrade vor der Homosexualität läßt sich auf die scharfe jüdisch-christliche Distanz gegenüber dieser (Ab-)Art der sexuellen „Unzucht“ zurückführen. Das kann man auch - wie auch sehr vieles andere - mit prächtigen Bibelzitaten beleben: In 3. Mose 18,22 wird die Homosexualität als „Greuel" bezeichnet und einige Passagen weiter (3. Mose 18,29) droht man Schwulen mit der Vertreibung aus dem Volk. Nicht freundlicher als der zum Hebräer „geadelte" Ägypter ging auch der Volksapostel und eigentliche Begründer des Christentums, Paulus, der als homoerotischer Grieche seine liebe Not mit den Frauen hatte, mit seinesgleichen um. In seinem Römerbrief 1, 26-32, wird die gleichgeschlechtliche Unsitte schärfstens gegeiselt: „Darum hat sie Gott auch dahingegeben in schändliche Lüste. Denn ihre Weiber ..., desgleichen auch die Männer ... sind entbrannt ... und haben Mann mit Mann Schande getrieben und den Lohn der Verirrung an sich selbst empfangen."

In diesem Geiste aufgewachsen distanzierten sich Juden wie Christen - die Muslime eingeschlossen - von homosexuellen Praktiken. Die vorgegaukelte und verlogene „Toleranz" vieler „Shoatiker" mit Homosexuellen läßt sich einzig und allein aus der gemeinsamen Verfolgungsgeschichte durch die Nazis erklären.

Progressive Protestanten, die weder gegenüber mosesianischen, noch paulinischen Grausamkeiten viel Sympathie aufbringen, stellen sich als Musterknaben der „Rand-Euphoriker" schützend vor die Homosexuellen: „Aus all dem lebt ... die Ehrfurcht vor der menschlichen Sexualität als Begegnungsweise verantworteter Beziehungsfähigkeit, die ausdrückliche Anerkennung der Homosexualität als natürliche, naturgegebene ‚Variante im Spiel der Schöpfung'", schrieb der protestantische Professor K. Lüthi in „Kanal 12" (Zeitschrift der theologischen Fakultätsvertretung der Wiener Hochschülerschaft). Es sind harte Worte der Verteidigung, die auch pressemäßig nicht unwidersprochen blieben. So schreibt Christof Gaspari in der fortschrittlichen katholischen Wochenzeitung „Die Furche"

(32/1995): „So entsteht langsam der Eindruck, sich homosexuell zu betätigen sei das Normalste der Welt, und die einzige Möglichkeit, Schwule aus ihrer Ghettosituation zu befreien, sei die Aufhebung der staatlichen Sanktionen. Entkriminalisierung ist das von der Abtreibungs- und Euthanasiedebatte her bekannte Schlagwort."

„Rand-Euphoriker" sehen, womit sie ohne Zweifel recht haben, nicht (nur) in den homosexuellen Praktiken die Hauptursache der Aids-Erkrankung - sie befallen auch Heterosexuelle -, sondern in den nur Jugendliche betreffende Schutzmaßnahmen; sie zitieren dabei aus einer Studie des Ludwig Boltzmann-Institutes für Medizin- und Gesundheitssoziologie („Aids und schwules Leben"): „Im Zusammenhang mit sozialer Fremdakzeptanz muß auch die Abschaffung jener derzeit noch bestehenden Strafrechtsparagraphen, durch die bestimmte homosexuelle Verhaltensweisen kriminalisiert werden, als präventionspolitische Aufgabe gesehen werden ..." Und weiter: „Etwa ein Viertel der ersten homosexuellen Kontakte, die durchschnittlich im Alter von 17 Jahren erfolgen, wären nach der derzeitigen Gesetzeslage für den (zumeist nur wenige Jahre) älteren Partner strafbar. Dieses Faktum erschwert nicht nur die kommunikative Aushandlung des Kontaktes zwischen den Partnern, sondern auch für den Jüngeren das Gespräch darüber mit ... Angehörigen."

Hinter der Homosexuellen-Hilfe der „Rand-Euphoriker" verstecken sich die Gefühle des Mitleids und des schlechten Gewissens. Mitleid, weil trotz der starken homophilen Neigung der braunen Herrschaften (Roems SA) auch die Schwulen Nazi-Opfer waren und schlechtes Gewissen, weil die monotheistischen Religionen recht unsanft mit der gleichgeschlechtlichen (Männer-)Liebe umgehen. (Über Lesben steht nichts in der Bibel.)

Zahlreiche, immer aktiver und aggressiver gestaltete Schwulen- und Lesben-Demonstrationen wirken kontraproduktiv; sie verursachen eine emotionelle Abneigung auch in den Reihen „toleranter" und progressiver Mehrheiten gegenüber der homosexuellen Minderheit, genauso wie die ungustiöse „Verkleidung" des 22 Meter hohen Pariser Obelisken mit einem „Pariser" (Kondom) und die internationale Forderung nach Anerkennung der schwulen Ehen. „Rand-Euphoriker" begnügen sich nicht mit einer, ohne Zweifel längst fälligen Liberalisierung der Homosexuellen-Paragraphen, sie streben darüber hinaus eine völlige gesellschaftliche Gleichstellung an. So problematisch die Ausgrenzung, so gefährlich die Ghettoisierung der Schwulen und Lesben auch ist, sie bleiben - und das seit dem Ende der hellenistischen Antike - eine auffällige Minderheit in der heterosexuellen Gesellschaft.

Die österreichische Gesetzgebung ist hart und eindeutig. Das Strafgesetzbuch (§ 209) verbietet unmißverständlich die „gleichgeschlechtliche Unzucht mit Personen unter 18 Jahren". Hingegen können lesbische Frauen ihre Partnerinnen ab dem 14. Lebensjahr frei wählen. Von allen EU-Ländern kennen außer Österreich nur noch Finnland und Großbritannien kein einheitliches „Schutzalter" für Mädchen und Jungen. Auch die Paragraphen 221 („Verbindungen zur Begünstigung gleichgeschlechtlicher Unzucht") und 220 („Werbung für Unzucht mit Personen des gleichen Geschlechts und mit Tieren") erschweren in Österreich das Leben homosexueller Männer.

Die „Rand-Euphoriker" erblicken die Gründe der homosexuellen Ausgrenzung in der „Homophobie" (neurotische Angst vor den eigenen homosexuellen Neigungen) der Heterosexuellen. Die Oberösterreicherin Maria Hauser („Im Himmel kein Platz?") geht mit ihrem Homosexuellenschutz ein wenig zu weit und behauptet, daß Neugeborene bisexuelle Wesen sind und die jeweilige sexuelle Ausprägung erst später bewußt geformt wird.

Homosexualität ist sicherlich keine Krankheit; das bestätigt auch die Weltgesundheitsorganisation. Wie die meisten „Märtyrer-Wärter", so glänzen auch die „Rand-Euphoriker" mit moralisch einwandfreier Naivität. Das zeigt auch Maria Hausers Verteidigungslinie: „Nicht mehr länger überhebliches Gerede von der Toleranz, sondern endlich Akzeptanz dieser Randgruppen nach einem langen, leidvollen Weg durch die Geschichte."

„Randgruppen", das zeigt bereits ihr Name, können von der „platzbehauptenden" Mehrheit nie wirklich akzeptiert (also „toleriert"), sondern höchstens geduldet werden. Diese Behauptung ist keine „ethische", sondern eine praktische, sie spiegelt die unendlich vielen einschlägigen Erfahrungen vom Urmenschen bis zum heutigen und - höchstwahrscheinlich - auch bis zum letzten Homo-sapiens-Prachtexemplar wider. Daher ist die wichtigste Aufgabe der Selbst- und Fremderziehung - wie es die Freimaurer fordern und bezeichnen - „die Arbeit am ‚rauhen Stein'", das Zurückdrängen menschenschädigender Neigungen und die Forcierung des Nächstenverständnisses. Trotzdem bleibt diese Aufgabe („Arbeit") schlußendlich ergebnislos; hört jedoch Sisyphus mit dem Steinhinaufrollen auf, so wird auch er von ihm erdrückt. Daher: *Duldung auch im eigenen Interesse!*

Der Wiener Soziologie-Professor und Randkulturen-Forscher, Roland Girtler, hegt eine offen zur Schau gestellte Sympathie für die Angehörigen der Randgruppen: „Randkulturen gehören zur bunten Vielfalt menschlichen Lebens. Fast alle haben eine lange Geschichte voll Jammer, Elend, Not und Ärger, aber auch voll von Schönheiten."

Unsere bereits öfters gebrandmarkten „Heuchler" entdeckt Girtler auch, allerdings nicht die im „Humanismusgewand" der „Märtyrer-Wärter", sondern auch der anderen, auf der spießigen Seite der Mehrheits-Kultur: „‚Unanständigkeit' erregt (...) das Ärgernis der ,braven' Leute, aber auch der Heuchler, und sie versuchen, es zu ahnden."

Seit Moliere, Schnitzler und Ibsen sind wir gewohnt, die Heuchler nur auf der „moralischen Seite" der (Mehrheits-) Gesellschaft zu entdecken. Uns bleibt es vorbehalten, ohne dabei im politischen Rechtseck zu landen, die Heuchler auch im (linken) „Humanismusgewand" zu entdecken. Genauso wie Girtlers Heuchler, die „unbraven" und „unanständigen" Nicht-Bürgern voll spießiger Vorurteile ängstlich begegnen, heucheln Wohlbetuchte in ihrem Luxus-Überfluß Sympathie für manche dieser Randgruppen.

„Kultur" als Summe unseres sozialen Handelns ist stets spezifisch, da sie immer bestimmte Gemeinsamkeiten signalisiert, dokumentiert und als Stärkungsmittel gegen individuelle Unsicherheiten erfolgreich einsetzt. Diese Gemeinsamkeiten zeigen sich als Sprache, Kleidung, Religion, Interessen, aber auch als Aggression nach außen. „Kultur" läßt sich demnach immer nur qualifizieren, aber nie quantifizieren; sie ist immer gruppenspezifisch. So sprechen wir von der speziellen Kultur der Drachenflieger, der Hundeliebhaber, der Wiener, der Österreicher, der Europäer, der Menschheit. Allerdings: Je größer und unübersichtlicher die Träger einer bestimmten Kultur sind, desto verschwommener sind ihre Gemeinsamkeiten, die - um bei unseren Beispielen zu bleiben - von den Detail-Identitäten der Drachenflieger bis zum Minimalkonsens, demnach sich alle Menschen oral ernähren, reicht. Aber das führt uns schon zu weit vom Grundthema weg. Zurück also zu den Randgruppen und ihrer Euphoriker.

Roland Girtler trifft, und das nicht ohne Grund, einen feinen Unterschied zwischen „Rand"- und „Sub"-Gruppen: „Bewußt verwende ich nicht den Begriff ,Subkultur', da das Wort ,Sub' darauf hindeutet, daß die betreffende ,Kultur' sozial ,unten' angesiedelt ist." Wir teilen seine Meinung; auch Homosexuelle, Drogenabhängige und Jungkriminelle bilden den Bodensatz in der moralinsauren Spießerwelt; wären sie nicht tief „unten“ angesiedelt, hätten auch die „Rand-Euphoriker“ kein Interesse an ihnen.

Hier und jetzt wollen wir keine genealogische Sozialanalyse der drei Randgruppen (Homosexuelle, Drogenabhängige und Jungkriminelle) entwerfen, sondern den speziellen Blick der „Rand-Euphoriker“ diesen Subkulturen gegenüber ausleuchten. Deshalb gehen wir nicht systematisch, sondern überlappend vor, um die Spontanität der Darlegungen zu bewahren.

„Rand-Euphoriker“ neigen zu einer „gütig-väterlichen-mütterlichen“ Behandlung von Jungkriminellen. Diese durchaus löblichen Verfechter einer „humanen Justiz“, die von der Prävention bis zur Überbetonung und -bewertung des jeweiligen familiär-gesellschaftlichen Umfeldes der kriminell gewordenen Jugendlichen reicht, berufen sich gerne auf alte soziologische Studien, die nach dem Ersten Weltkrieg die mittlerweile berühmt gewordene „Chicagoer Schule“ auszeichneten. Untersucht wurden Anfang der 20er Jahre in Chicago die „Gangs“: „Sie sind Ersatzlösungen für Unterschichtsjugendliche, die in den Gangs ihre Gemeinschaftsbedürfnisse befriedigen. Gangs sind somit Reaktionen auf soziale Mißstände, wie Desintegration der Familie, geringe Löhne, schlechte Lebensverhältnisse (Slums!), Arbeitslosigkeit, u. a.“ (Girtler) Genau diese Argumentationskette machen sich die „Rand-Euphoriker“ zu eigen, indem sie äußerst ungern von „krimineller Veranlagung“, dafür umso lieber von der gesellschaftlichen Schuld der „zerrütteten Familienverhältnisse“ sprechen.

Jede Einseitigkeit schadet; die der harten Strafer kleinster Delikte, wie auch die der weichen Entschuldiger, die kaum mehr gewillt sind, zwischen Täter und Opfer zu unterscheiden.

Bankraub statt Bankgründung

Die Zielidentifikation der Jungkriminellen deckt sich mit den Zielvorstellungen der Gesamtgesellschaft. Sowohl die Gesamtgesellschaft als auch die Jungkriminellen sehen in „Reichtum“ und „Wohlstand“ ein lohnendes Ziel; nur die Wege dorthin verlaufen unterschiedlich, wobei Jungkriminelle dem „Brechtschen“ Prinzip folgen: „Was ist ein Bankraub im Vergleich zu einer Bankgründung?“

Das entscheidendste Verbindungselement zwischen allen Randgruppen und hinüber zu den „Rand-Europhorikern“ ist ihr gemeinsames Schicksal.

- Ihr abweichendes Verhalten placiert sie meist weit außerhalb der (spieß-)bürgerlichen Toleranzgrenze,
- eine deshalb versetzte Stigmatisierung verfolgt sie ein Leben lang und macht sie zu „Außenseitern“,
- die wiederum einen gewissen inneren Schulterschluß (Solidarisierung) bedingt.

Am Ende dieser dreistufigen Randgruppen-Karriere entsteht eine oberflächliche und sehr stark abgestufte „Solidarisierung“ aller Nazi-Opfer schicksalsgemeinschaftlicher Art (Juden, Zigeuner, Homosexuelle, Behinderte) auf der einen Seite und die der politischen Opfer (Kommunisten, Sozialdemokraten, Christlich-Soziale) auf der anderen Seite. Nach der Befreiung verblaßte am schnellsten die (Pseudo-)Solidarisierung der einstigen politischen Opfer; nach kürzester Zeit wurden die alten Streitäxte wieder hervorgeholt. Diffiziler verläuft die Solidarisierung der schicksalsgemeinschaftlichen Opfer, wobei die nicht-vorhandene soziale Nähe auch hier eine echte Verbindung verhindert. Nur die relativ kleine, aber lautstarke Gruppe der „Märtyrer-Wärter“ versucht krampfhaft eine „Front der Benachteiligten“ aufzurichten. Diese solidarische Frontbildung ist jedoch verloren, da kaum eine Gruppe ein wirkliches Interesse am Schicksal der anderen hat. So verhindert z. B. die im Judentum tief verwurzelte Heterosexualität jedwedes Verständnis für die sozialen Belange der Homosexuellen.

Die „Rand-Euphoriker" waren entsetzt. Obwohl sie auf ihrem „linken" Auge stark sehgestört sind und die Gefahr immer nur vom politischen Rechtsrand her befürchten, haben sie sich schleunigst von den höchstkriminellen („Mordversuch") Auswüchsen der sogenannten „Chaostage" in Hannover Anfang August 1995 distanziert. Die Punks, mit ihrem in allen Farben schillernden Irokesenhaarschnitt, zerstörten alles, was in ihre Hände kam: Autos, Geschäftslokale, Fensterscheiben und den Glauben, daß der Staat ohne Polizeigewalt existieren kann. Die Chaoten bauten Barrikaden und bewarfen gezielt die anrückenden Polizisten mit Steinen und Molotowcocktails. „Rand-Euphoriker" sind im Prinzip keine bewußten Förderer potentieller Mörder, sie merken es nur nicht, was sie mit ihrer rigorosen Ablehnung der Staatsgewalt ausrichten. Stattdessen predigen sie eine gewaltfreie „Sozialarbeit" und psychologische Beratung.

Naiver geht es nicht mehr.

Der Autor darf an dieser Stelle seinen Vater zitieren: „Man kann nicht gegen Tanks mit der Bibel kämpfen!" So gingen auch Punker, Autonome, Chaoten in Hannover mit der Brachialgewalt - symbolischer - Panzerfahrzeuge vor. Die Behörden in Hannover wurden rechtzeitig gewarnt. Die Gewalttäter haben nicht nur ihre Versammlung ordnungsgemäß angemeldet, sie ließen auch in ihren Einladungen und Publikationen keinen Zweifel darüber, was sie unter „Chaostagen" verstehen. Trotzdem schritt die Behörde nicht rechtzeitig ein, da die zuständigen Politiker schlicht und einfach Angst vor einem Verbot hatten. Genau hier setzt die unheilvolle Wirkung der „Rand-Euphoriker" und die ihrer ideologisch nahestehenden Medien ein.

„Gewalt“ und „Verbot“ sind für sie „ungeeignete Mittel“. Die Praxis sieht jedoch ganz anders aus. Gegen Gewalt hilft in den meisten Fällen nur Gewalt und kein gutes Zureden. Helfen kann man nur Menschen, die bereit sind, diese Hilfe auch anzunehmen. Daher nützen sozialarbeiterische Maßnahmen im weitesten Sinne ohne einer Minimal-Anpassung der Betreffenden - in unserem Fall der kriminell gewordenen jungen Menschen - überhaupt nichts.

Deutschland wird nicht nur von „Chaoten“ und Jungkriminellen erschüttert, sondern auch von anderen gewalttätigen Gruppen. Dazu gehören aktive Mitglieder der in Deutschland verbotenen Kurdischen Arbeiterpartei, die nicht nur gegen türkische Einrichtungen einen systematischen Bombenterror führt, sondern auch vor anderen Gewalttaten auf offener Straße nicht zurückschreckt. So mußten die Frankfurter Stadtväter und -„mütter“, die stark unter dem „rand-euphorischen“-Einfluß der „Grünen“ stehen, im August 1995 eine zu Gewalttätigkeit neigende Kurdendemonstration verbieten.

Die edukative Handhabung der Gewalt gehört nach wie vor zum Hauptarsenal in der „rand-euphorischen“ Argumentation; auch in der Schule. Obwohl, und das nicht nur in verwahrlosten US-Slum-Schulen, die Gewalt der Schüler ihren Eltern und Erziehern gegenüber auch in unseren kulturellen Breitengraden längst nichts Unbekanntes mehr ist, leugnen „Rand-Euphoriker“ dieses Phänomen hartnäckig. Selbst wissenschaftliche Untersuchungen, deren Aufgabe es ist, die Gewalt in der Schule zu verharmlosen, werden - jetzt noch ungewollt - tendentiell verdreht. So kam im deutschen Bundesland Hessen 1994 eine Forschergruppe zum beruhigenden Ergebnis: Die schulische Gewalt ist eine vernachläßigbare Größe. Ähnlich motiviert gingen Mitarbeiter des baden-württembergischen Landesinstitutes für Erziehung und Unterricht an die Forschungsarbeit. Am Ende dieser Untersuchung hieß es lapidar: „Insgesamt sei zwar in den letzten Jahren eine Zunahme festzustellen, doch es gebe keinerlei Anlaß, die Dinge zu dramatisieren." (Tilmann P. Gangloff: „Gewalt an Schulen: Kaum der Rede wert?", in: „Psychologie heute", 8/1995)

„Kaum der Rede wert?" Immerhin mußten selbst diese „rand-euphorischen" Forscher in den Förderschulen, wo die „Negativ-Elite" des Landes durch die Schuljahre und -klassen gepusht wird, 10 Gewaltakte pro 100 Schüler feststellen. Vergleichsweise gering war der Gewalt-Anteil in den Gymnasien (1,4 von 100) und in Realschulen (1,9 von 100).

Bei der Analyse der schulischen Gewalt konnten die Forscher nichts anderes tun, als die konservativen Warnrufe bestätigen. An der Spitze der Gewalt-Ursachen stehen zerrüttete Familien und die „Erosion des Rechts- und Unrechtsbewußtseins und Wertezerfall". (Gangloff) Befragt wurden allerdings nur Schuldirektoren, die naturgemäß von ihren Lehrern nicht immer informiert werden, um das eigene Beamtenfortkommen nicht zu erschweren. Die verbale Gewalt, ohne Zweifel die Vorstufe der körperlichen Gewalt, nimmt an allen Schulen zu, auch „die Unfähigkeit zur Selbstkontrolle und die fehlende Achtung der Schüler voreinander sowie gegenüber den Lehrkräften." (Gangloff)

An der Spitze jugendlicher Gewalt und Einstiegskriminalität stehen der Autoritätsverlust der Lehrer und Eltern und der unbändige Wunsch, ohne Arbeit und Leistung zu materiellen Gütern zu gelangen.

Die bereits mehrmals erwähnte und allseits bekannte Hitliste jugendlicher Gewalt (Autoritätsverlust, zerrüttete Familien und Werteverfall) stört wegen ihres konservativen Inhalts viele „Rand-Euphoriker", die sich verzweifelt auf die Suche nach anderen Gewalt-Gründen machen. So auch der Münchner Sozial- und Erziehungswissenschaftler Joachim Kersten („Der Männlichkeits-Kult - Über die Hintergründe der Jugendgewalt", in: „Psychologie heute"

9/1993), der eine neue Erklärung fand: die „Männlichkeit" als „kulturübergreifendes Problem". Kersten zitiert eindimensionale Studien und ist selbst davon überzeugt, daß die „Jugendgewalt (...) im wesentlichen *nicht* auf Desintegration oder Orientierungslosigkeit" zurückzuführen sei. Für seine „Männlichkeits"-These führt er sowohl geschlechtsspezifische („Die Szene ist eindeutig männlich dominiert") als auch soziale Tatsachen („Kampfbereitschaft und -erfahrung sind bei handarbeitenden, eher der Unterschicht angehörenden männlichen Jugendlichen ausgeprägter vorhanden ...") an.

Richtige „Rand-Euphoriker" meiden konservative Erklärungen der Jugendgewalt; man hat Angst, die zerrütteten Familien als Quelle der Jugendkriminalität zu erkennen. Joachim Kersten verniedlicht in diesem Zusammenhang auch die schwerwiegenden familiären Probleme und nimmt an, daß die „Gewalterfahrungen in der Familie (...) in den letzten Jahrzehnten (...) eher ab als zugenommen" haben. Wer die hoffnungslos überfüllten „Frauenhäuser" und die Bilder geschlagener, geschundener Kinder kennt, der wundert sich über solche Aussagen.

Ohne die gesellschaftspolitisch schweren Zeiten einer demokratiedefizitären Sozietät bis in die 50er Jahre unseres Jahrhunderts zu glorifizieren, ist die Jugendkriminalität erst in unserer Zeit eine gesamtgesellschaftliche Erscheinung geworden. Der Bielefelder Erziehungswissenschaftler Prof. Wilhelm Heitmeyer weist völlig zu recht auf die einstige „selbstverständliche soziale Zugehörigkeit" junger Menschen in der Vergangenheit hin. Joachim Kersten - und mit ihm viele „Rand-Euphoriker" - fragen sich hingegen, „... wann es im Jugendalter - sagen wir der letzten knapp hundert Jahre - den nicht porösen Zustand von ‚selbstverständlicher sozialer Zugehörigkeit' gab". Nun, es gab sie in allen politisch-religiösen Schattierungen, von den Pfadfindern über die katholischen und evangelischen Jugendbewegungen bis zur „Hitler-Jugend“ und zu den linken „Spartacus-“ und „Roten Falken“-Gruppierungen. Ohne diese Jugendorganisationen im einzelnen zu werten, gab es in ihren Reihen sehr wohl einen „nicht-porösen Zustand selbstverständlicher sozialer Zugehörigkeit“. Für ihre Mitglieder übten diese Gruppen einen Totalitätsanspruch im guten (Pfadfinder) wie im bösen Sinne (HJ) aus. Aber „porös“ war die „Zugehörigkeit“ in keiner dieser Jugendorganisationen.

Heitmeyer, der Nicht-„Rand-Euphoriker“, spricht richtigerweise im Zusammenhang mit der Jugendkriminalität von „Wechselhaftigkeit, Mobilität, Flexibilität“ und vom Fehlen des „Wir-Bewußtseins“. Kersten ist auch mit dieser Argumentation unzufrieden und fragt unentwegt: „Woher weiß man das alles?“ und „Was ist das ‚Wir-Bewußtsein‘ und mit welchen methodischen Instrumentarien stellt man sein Fehlen fest?“

Jeder, der sich mit Jugendarbeit und Jugendorganisationen beschäftigt, merkt das Schwinden der Parteijugendorganisationen und das Desinteresse an amtskirchlicher Jugendarbeit. Die heutigen jungen Menschen stellen gerne vieles in Frage, suchen nicht-institutionelle „Grün“-Antworten und halten herzlich wenig von Kirchen- und anderen -Fürsten. Auch das ist ein Zeichen der unglaubwürdig gewordenen Autoritäten. Das Gros junger Menschen wird nicht kriminell, da sie - wie Agnostiker die Kirchen und Konfessionen, Gott und die Religion - die politischen Fragen eher negieren und ihre Kraft sinnvoll für Studium und Existenz einsetzen. Damit schaffen sie ihre eigenen Mikro-Hierarchien auf kameradschaftlicher (pardon: Team-)Basis.

Die kriminell gewordenen Jugendlichen, wie auch die (nicht-kriminellen, dafür sekten-anfälligen) Aussteiger finden ihren eigenen Anpassungsweg nicht und heizen unter der Last ihrer mächtigen Frustrationen die Gewalt-Szene an. Dafür schaffen sie sich das stärkste „Wir-Bewußtsein", das wir gegenwärtig kennen; das Zusammengehörigkeitsgefühl in den Jugendbanden, Chaos- und Autonomen-Zellen. Und die Illegalität verleiht ihnen Stärke, Kraft und Aggression.

Die „rand-euphorischen" Erklärer der Jugendgewalt scheuen auch vor einer Mystifizierung und Verabsolutierung der „Gewalt" als eigenständiges Phänomen nicht zurück. In einem Nebensatz verrät (sich) Joachim Kersten, wie diese Argumentationskette läuft. Es geht dabei um die Tatsache, daß es vielmehr männliche als weibliche Jungkriminelle gibt. Verfechter der „Nicht-rand-euphorischen"-Gewaltlehre behaupten, daß Mädchen ihre Opferrollen, die sie in ihren Familien erlernen, nach „innen" verarbeiten. Und jetzt der verräterische Satz Kerstens: „Wenn Mädchen die Opferrolle lernen, warum sind dann vorwiegend männliche Jugendliche oder junge Männer die tatsächlichen Opfer von Jugendgewalt?"

Die „tatsächlichen", also physischen Opfer der Jugendgewalt sind viel mehr Mädchen, die beschimpft, bedroht, vergewaltigt und auch ermordet werden, als Jungen. Das ist eine kriminalsoziologische Tatsache. Joachim Kerstens Satz kann man also nur so erklären, daß er in gewalttätigen jungen Männern das Opfer einer überdimensionalen, von der kriminellen Praxis abgehobenen „Gewalt" sieht. Diese Einstellung ist grundfalsch und auch gefährlich, da es keine „Gewalt per se" gibt, sondern nur konkrete, vom Menschenhand ausgeübte Gewalt. So gesehen töten nie Bomben und Pistolenkugel, sondern tötet immer nur die Menschenhand, die Bomben wirft und Pistolen abfeuert. Aus diesem Grund neigen „Rand-Euphoriker" zu einer wertfreien Betrachtung der „Gewalt" als selbständiges Phänomen. Leider ist dieser Weg von der bloßen Betrachtung über die Duldung bis zur Entschuldigung der „Gewalt" gar nicht so weit.

Die unterschiedlichen Machenschaften als vorübergehende, kriminelle Männlichkeitsrituale verleihen den Gang-Mitgliedern nicht nur eine für sie ungeahnte und bisher nur erträumte „Macht“, sondern - und das ist in seiner sozialanalytischen Priorität entscheidend - eine spezifische Gruppenzugehörigkeit („Identifikation“) als Familienersatz. Der in der eigenen Familie gefährdete Jugendliche, der nicht-vorhandene Vater, die sexuell labile Mutter zwingen den Sohn, frühzeitig und ohne Vorbereitung in eine (Pseudo-)-Männlichkeitsrolle. So und nur so gesehen hat Joachim Kersten recht: „Männlichkeitswahn dominiert in gewalttätigen Jugend-Szenen.“

Der grundlegende Unterschied in der Beurteilung - und daher: Ursachenforschung - der Jugendkriminalität zwischen den „Rand-Euphorikern“ und den Sozialanalytikern liegt in der Negierung, bzw. Einbindung der ererbten Anlagen. Einseitigkeit schafft allerdings Not; auch auf der sozialanalytischen Seite, die trotz der Primär-Position der ererbten Anlagen auch die Umwelteinflüsse nicht außer acht läßt. Wird das Leben junger Menschen nicht durch kriminelle Anlagen erschwert, so genügt es, diese aus der Gewalt-Szene herauszuholen und ihre sozialen Verhältnisse durch Anpassung an die gesamtgesellschaftlichen Gegebenheiten zu normalisieren.

Das Zauberwort auf diesem Weg heißt „Resozialisierung“. Problematisch wird die Resozialisierung bei Jungkriminellen, die in ihrem bisherigen kurzen Leben noch nie „sozial“ eingestellt waren. Hier kann man nur schwer etwas „wieder-herstellen“, wie es die Resozialisierung verlangt. Auch diese Gegebenheit wollen die „Rand-Euphoriker“ nicht akzeptieren.

Höhe und Intensität der Jugendkriminalität, natürlich nicht nur diese, lassen sich an den gegebenen Ordnungsfaktoren einer Gesellschaft messen. Bereits das sichtbare Schwinden dieser Faktoren, wie z. B. der Zerfall kleinerer und größerer Hierarchien, macht den ängstlichen Ruf nach „Ordnung" hörbar. Hans-Georg Soeffner („Die Ordnung der Rituale", Frankfurt, 1993) stellt die berechtigte Frage „nach jenen eher unauffälligen Ordnungsfaktoren und Formen, die trotz der ‚Individualisierung von Lebenslagen' daran beteiligt sind ... (die) Gesellschaften zusammenzuhalten".

Wo liegen diese „unauffälligen Ordnungsfaktoren"? Sie sind nicht das Produkt großer Geheimgesellschaften, wie die heutzutage vielbeschriebenen Mafia-Modelle italienischen, russischen, polnischen oder tschetschenischen Ursprungs. Schlicht und einfach handelt es sich dabei um die guten alten und immer noch stabilen „Ordnungsfaktoren", die wir Familie, Betrieb, Freundeskreis usw. nennen. Ein ruhiger und kritischer Blick in die Vergangenheit, das Mitnehmen essentieller Errungenschaften der Geschichte ersetzt jedweden unsicheren, trüben und chaotischen Blick der „Rand-Euphoriker" in eine (besser gesagt: ihre) unsichere Zukunft.

„Rand-Euphoriker" leugnen und übersehen bewußt den *„sozialen Selbstbehalt"* der einzelnen Randgruppen. Genauso wie alle Autofahrer und einige Sozialversicherte (Beamte, Selbständige) einen kleinen Teil ihrer Versicherungsleistungen selbst entrichten müssen, tragen auch Angehörige der Randgruppen einen gewissen (selbstverschuldeten) Anteil an ihrem alles andere als beneidenswerten Schicksal. Dazu Roland Girtler: „Als Randkultur, also Kultur einer Randgruppe, verstehe ich (...) eine Kultur, die von der sie umgebenden Gesellschaft als gefährlich, unanständig oder schlechtweg böse angesehen wird. Die aber auch dazu beiträgt, um so gesehen zu werden."

Genau diesen Anteil an „Selbstbehalt" (Selbstverschuldung) an der randgruppenbedingten Verfolgungskarriere leugnen die „Rand-Euphoriker", sie lasten die gesamte Schuld an der Absonderung der Randgruppen der „fremden- und andersfeindlichen Mehrheit" an. Auch diese Einseitigkeit, so falsch sie auch ist, kann erklärt werden: Wer ist schon bereit, von der psychologisch bequemen „Opferrolle“ etwas abzugeben, indem man gewillt ist, auch einen noch so geringen oder gar nur symbolischen Anteil an der Verfolgung zu übernehmen? Wer am Altar nicht nur den „Feind“ opfert, sondern auch die eigenen Schuld bekennt, ist eben kein „Märtyrer-Wärter“ mehr.

Jede Gesellschaft hat ihre Gesetze und Normen, die nur Außenseiter (Randgruppen gehören dazu) leugnen und verletzen; andererseits halten die Außenseiter an ihren eigenen Normen fest. In den hellenistischen Stadt-Staaten kannte man die Heterosexualität als kulturell-gesellschaftliche Norm nicht und daher waren die Homosexuellen nicht gezwungen, in einer eigenen Subkultur zu leben. Dasselbe galt auch für die Dirnen (Häteren), die erst als Außenseiterinnen ihre Zuhälter schaffen und ernähren mußten. Ohne strikte Zollbestimmungen gibt es keine Schmuggler. Unterdrückte, „Außenseiter“, selbst wenn sie die Mehrheit bilden, gab es schon in der Antike. Es waren nur nicht die Dirnen und die Homosexuellen, sondern die Sklaven. Für „Märtyrer-Wärter“ gab es also immer schon ein reiches Betätigungsfeld und auch einen Schutzpatron namens Spartacus.

Zerrissenheit und „Genuß-mit-Reue“

Moderne „Märtyrer-Wärter“, vor allem in Gestalt der „Rand-Euphoriker“, sind keine Sklavenbefreier, sondern Generalfrustrierte, die jeden Aussteiger, ohne allerdings die wohlbehütete Wärme der bürgerlichen Hochgesellschaft zu verlassen, inbrünstig beneiden. Diese innere Zerrissenheit, dieser „Genuß-mit-Reue“ - sie nehmen alle Annehmlichkeiten der verhaßten bürgerlichen Gesellschaft in Anspruch - bestimmt auch ihr Verhalten gegenüber den Drogenabhängigen.

Die „Rand-Euphoriker“ können zwar die „Sklaven“ (der Drogen) einem Spartacus gleich nicht befreien, dafür plädieren sie für die Freigabe des Giftes. Die Gesundheitsministerin des deutschen Bundeslandes Schleswig-Holstein, Heide Moser, will „Cannabisprodukte in Apotheken (...) verkaufen.“ („Rheinischer Merkur“, 28/1995) Immerhin gehören Marihuana und Haschisch zu den Cannabisprodukten. Ministerin Moser kann sich auf das „Jahrbuch Sucht 1994“ der Deutschen Hauptstelle gegen die Suchtgefahren („Für die überwiegende Mehrheit junger Menschen ist der Cannabiskonsum ein Übergangsphänomen, das keine gesundheitlichen Konsequenzen nach sich zieht“) berufen. Eigenartiges Jahrbuch!

Neben der täglichen Erfahrung mit Drogensüchtigen zeigen zahlreiche wissenschaftliche Untersuchungen, wie gefährlich Cannabiskonsum sein kann. Eine Studie aus dem „liberalen“ Schweden weist nach, daß das Risiko, an Schizophrenie zu erkranken, bei starkem Cannabiskonsum sechsmal höher ist als bei Nichtkonsumenten. Auch die sogenannte „Erlanger Studie“ spiegelt die psychische Katastrophe Langzeitsüchtiger wieder: Angst, Panik, Depression sind ihre ständigen Begleiter.

Die häufigste Erkrankung heißt „Alkohol“. Seine soziale Legalisierung kann man - ehrlichkeitshalber - nicht den „Rand-Euphorikern“ anlasten, sondern einzig und allein der „guten“ bürgerlichen Gesellschaft.

Der Weg von Haschisch zu Heroin ist weitaus näher, als das die „Rand-Euphoriker“, die für eine Freigabe der Cannabisprodukte kämpfen, wahrhaben wollen. Seit dem Zerfall des „Eisernen Vorhanges“ wird auch die Wiener Drogenszene mit billigem, minderwertigen „Stoff“ beliefert. Auf dem Wiener Karlsplatz kann man bereits ein Gramm Haschisch um 80 Schilling und Heroin um 600 Schilling kaufen. Die Ware wird aus Preßburg kleinweise nach Österreich geschmuggelt. Laut dem Drogenbericht des Innenministeriums hat sich der Rauschgift-Konsum Jugendlicher (14 - 18 Jahre) vervierfacht!

„Rand-Euphoriker“ sind davon überzeugt, daß die Sucht-Schuld Jugendlicher nicht sie selbst, sondern ihre „zerrütteten Familienverhältnisse“ betrifft. Dem widerspricht jedoch der Wiener Drogenexperte Peter Hacker: „Es ist falsch zu glauben, daß Abhängige nur aus verwahrlosten Familien stammen. Jugendliche probieren oft Suchtgift aus, um im Freundeskreis dazuzugehören. Drogen - meist Haschisch mit Alkohol - fungieren dabei als Mutprobe ...“ (in: „präsent“ 28/1995)

Starke politische Unterstützung erhalten die „Rand-Euphoriker“, was die Freigabe „weicher“ Drogen anbelangt, von den Grünen und den Liberalen in Österreich, deren Naivität langsam alle Vernunftgrenzen zu sprengen droht. Es ist jedoch mit großer Wahrscheinlichkeit anzunehmen, daß die österreichische Gesetzgebung den Drogenkonsum durch teilweise Freigabe nicht noch mehr anheizt. Strafen will der Gesetzgeber nicht die Süchtigen - die benötigen eine medizinische und psychologische Betreuung -, sondern die Schmuggler und die Dealer. Unbeirrt von der Scheinargumentation der „Freigabe“-Befürworter erweitert das neue österreichische Drogengesetz den Strafrahmen auch auf die nicht minder gefährlichen Psychopharmaka und Aufputschmittel, die Vorstufe, bzw. Begleiterscheinung der Drogensucht sind. Auf diesem Wege hofft man in Österreich Tablettendealern ihr gefährliches Handwerk legen zu können.

Der Drogenfreigabegeist der „Rand-Euphoriker“ beeinflußte die ursprüngliche Novellierung des österreichischen Suchtgiftgesetzes zunächst nachteilig. So befürchtete der Salzburger Rechtspsychologie-Professor, Walter Hauptmann, „in der Tat, daß unter dem Deckmantel pseudotherapeutischer Alibimaßnahmen eine zunehmende Entkriminalisierung von Drogendelikten angestrebt wird.“ („Falter“ 25/95)

Nach der ursprünglichen weichen Fassung hätten Suchtgifttäter die eigene unbedingte Freiheitsstrafe bei Abschluß einer freigewählten Therapie gewissermaßen selbständig in eine bedingte umwandeln können. Die Therapeuten allerdings, auch was den Erfolg anbelangt, stehen unter „strenger Schweigepflicht - selbst dem Richter gegenüber, der die Suchtbehandlung angeordnet hat." („Falter")

Diese eigenartige und den Therapieerfolg vielfach ungünstig beeinflussende Regelung hätte in der Erstfassung noch gesteigert werden sollen. Demnach hätte der Staatsanwalt die Anzeige bei irgendeinem Strafdelikt zurücklegen können, wenn die (x-beliebige) Straftat „im Zusammenhang mit der Gewöhnung an Suchtgift begangen" worden wäre. Hinter dieser „liberalen" Bestimmung hätte sich ein Freibrief Süchtiger für alle möglichen Straftaten versteckt. Diese Bestimmung wäre „einer ‚Privilegierung von Drogenkonsumenten' gleich (gekommen). ‚Auf diese Weise', so Hauptmanns Warnung, ‚können also auch Vergewaltigungen und Raub straflos werden. Zur Straflosigkeit genügt eine wirkliche oder nur unwiderlegbare behauptete Gewöhnung an Suchtgift.'" („Falter")

Neben der Drogen-Freigabe hätte dieses Gesetz auch noch einen Straftaten-Freibrief für Süchtige ausgestellt. Wäre die Novellierung des Suchtgiftgesetzes auf diese (Un-)Art und Weise durchgegangen, so hätten sich nicht nur die „Rand-Euphoriker", sondern auch die gesamte Drogen-Szene maßlos gefreut.

Im bereits zitierten „Falter"-Artikel gab Horst Häckel vom Justizministerium zu: „Hier sind wir ein bisserl zu weit gegangen. Gelinde gesagt!" Und dann das Eingeständnis des Beamten im Justizressort: „Die Formulierung ist, salopp gesagt, mißglückt, weil sie zu viel offenläßt, nämlich die gesamte Begleitkriminalität." Und schnell wurde der Gesetzesentwurf, zur Unfreude der „Rand-Euphoriker", repariert.

„Verantwortungsvolle Politiker warnen vor ‚Rand-' und Freigabe-Euphorie. ‚Überall in der ganzen Welt hat sich die Liberalisierung von Suchtgiften, dazu gehören auch Cannabisprodukte, als sträflicher Unsinn erwiesen. Es wurden noch viel mehr und noch viel jüngere Abhängige dadurch geschaffen.'" - so der Wiener Landtagsabgeordnete Gerhard Pfeiffer („Die Presse", 19. 7. 1995). In allen Metropolen, wo man bisher mit Drogenfreigabe experimentierte, wie das in Zürich, Amsterdam und im englischen Liverpool der Fall war, nahm die Zahl der Drogenabhängigen gefährlich zu.

Alle diese alarmierenden Tatsachen beeinflussen die leichtsinnige - und nicht liberale - Denkweise der „Rand-Euphoriker" keineswegs. Auch nicht die alarmierenden österreichischen Zahlen: Fast 80 Prozent der jungen Menschen greifen fallweise nach Drogen, ein Fünftel macht es regelmäßig, und die Giftkonsumenten werden immer jünger: Jetzt gibt es bereits 14jährige Dauerdrogenkonsumenten. Vor allem Haschisch und die Designerdrogen, wie „Ecstasy", gibt es bereits in fast jeder Disco. Dementsprechend erschreckend verläuft die Drogenkarriere. „Zwölf Prozent der unter 14jährigen kommen mit Haschisch, 13 Prozent mit Marihuana in Kontakt. Im Alter zwischen 18 und 20 Jahren greifen die Jugendlichen hingegen vermehrt zu Kokain und Heroin. Besonders fatal ist die Kombination von Alkohol, Cannabis und Medikamenten." („Der Standard", 11. 6. 1995) Und nach wie vor kämpfen „Rand-Euphoriker" für die Cannabis-Freigabe.

Wie gefährlich die weiche und strafmindernde Politik der „Rand-Euphoriker" ist, beweist die harte Querverbindung zwischen Sucht und (Jugend-)Kriminalität. „Davon weiß auch der Präsident des Jugendgerichtshofs, Udo Jesionek, ein Lied zu singen: Mehr als die Hälfte der männlichen jugendlichen Straftäter hat Erfahrung mit Suchtmitteln." („Der Standard")

Besonders geschickte Dealer, die keine Fremdpersonen mit Verlockungsmitteln mehr sind, übernehmen oft die Rolle der Autoritätspersonen. Bedingt durch eine falschverstandene Emanzipation („Entthronung“ der Väter und Lehrer) sucht der Jugendliche nach Leitmotiven und Führungspersonen. Und genau in diese Rolle schlüpfen die Dealer, die bereits 13jährigen Heroin verkaufen. Die „emanzipatorische“ Eskalation ist verheerend: Der Jugendliche hört zu Hause seinen Vater auf den „blöden Polizisten“ schimpfen, der, „statt Verbrecher zu jagen“, ihm ein Strafmandat verpaßt. Im abendlichen TV sieht er die Witzfiguren der „Scheiß-Bullen“, und dann wundert man sich, daß „ein Polizist in Uniform erst gar nicht den Mund aufzumachen braucht“ (Drogentherapeutin Renate Brosch im Ratgeber „Jugend und Sucht“, Wien 1995). Gemeint ist der Polizist, der schützen und Aufklärungsarbeit leisten will.

Ein Wort danach oder: Die toten Augen der Selbstmörderin

Knapp vor Fertigstellung meines Buchmanuskriptes traf ich auf dem Wiener Michaelerplatz meinen Freund K. F. „Ich bin jetzt auf dem Weg zum ‚Gottschalk' und will dein Buch kaufen", schmeichelte mir der liebe Freund. Mit den Worten: „Das ist noch zu früh, ich schreibe noch am Manuskript ...", mußte ich ihn auf später vertrösten. Er zog das VA BENE-Verlagsprospekt mit der Ankündigung meines Buches aus der Tasche: „Ich bin froh, daß jemand über dieses Thema schreibt; es ist höchste Zeit ..."

Auch für mich. Jetzt schreiben wir Ende August 1995, ist es „höchste Zeit" das Manuskript zu beenden und von Ihnen, liebe Leserinnen und Leser, Abschied zu nehmen; natürlich nur was dieses Buch anbelangt.

Als sich mein Verleger, Walter Weiss, mit diesem Buchvorschlag einverstanden erklärte, begründete er seinen Entschluß für mich überraschend: „Du bis mein einziger Autor, der dieses Buch schreiben und ich bin der einzige Verleger, der dieses veröffentlichen kann!"

Dr. Weiss hatte recht. Leider. Es ist ungewohnt und alles andere als leicht, über die „Märtyrer-Wärter", über diese Überbetonung der Erinnerungen an die Opfer, nicht aus dem rechten politischen Eck zu schreiben. Auch ich war ein Opfer, ein mehrfaches sogar. Als Jude von den Nazis und als „Kapitalisten"-Sprößling von den Kommunisten veschleppt, bin ich trotzdem nicht bereit, ein Luxusschiff auf den Tränen zu besteigen. Den Tod der Selbstmörderin, den ich als 8jähriger Bub auf dem Weg nach Auschwitz im Budapester „Pfeilkreuzlerhaus" erleben mußte, die weitaufgerissenen toten Augen, verfolgen mich heute noch. Diese

Frau, die den Selbstmord statt Auschwitz wählte, berechtigt mich zu nichts; auch nicht, das Leben der Kinder- und Kindeskinder ihrer einstigen Mörder zu vergällen. Ich gehe noch einen Schritt weiter: Ich bin davon überzeugt, daß die „Märtyrer-Wärter" nicht die vielgepriesenen „Anfänge" neuer Verfolgungen (ab)„wehren", sondern diese - unbewußt, oder vielleicht insgeheim -, wenn auch in einer milden Form, herbeisehnen.

Das kann ich nicht, das will ich nicht! Davor warne ich.

„Du wirst unsere jüdischen Freunde verlieren ...!" warnte mich meine Frau, nachdem ich mit ihr über dieses Buchvorhaben gesprachen hatte. Meine Antwort klang zaghaft: „Das glaube ich nicht. Und wenn, dann nur die ‚Extremen' unter ihnen, die nie meine Freunde und noch weniger meine ‚Leidensgenossen' waren." Diese Menschen können das damalige Leiden der Juden nicht nachempfinden, sie haben die toten Augen der Selbstmörderin nicht gesehen, sie können die panische Angst der Verfolgten nicht nachvollziehen, die lähmende Furcht nicht nachempfinden.

Wie verabschiedet man sich am Ende solch eines Buches, wie faßt man das „Unfaßbare" zusammen, wie kann man die Ehrlichkeit der eigenen Überzeugung kundtun? - Ich weiß es nicht. Ich weiß es wirklich nicht. Ich weiß nur, daß ich dieses Buch schreiben mußte. Nicht um aufzufallen, obwohl die überzogene Eitelkeit der Schreibenden auch mir nicht fremd ist, sondern das zu beweisen, was Simon Wiesenthal mit „Recht, nicht Rache" betitelt hat. Das „Recht" ist aber weder einbahnig, noch das Monopol der Opfer; selbst die Täter haben das Recht auf „Recht", auch vor dem moralischen Gericht unseres Gewissens. Erst recht ihre Nachkommen, die weder Schuld noch Verantwortung für die Untaten ihrer Väter und Großväter zu übernehmen gewillt sind. Auch Sippenhaftung ist eine Form des Rassismus!

Genau gegen diesen Rassismus, aus welch politischem Eck er auch kommen mag, warnt unaufhörlich unser Mentor und menschliches Vorbild, Prof. Fritz Muliar, der sich ohne Furcht gegen Rechts-, wie Linksfaschismus stellt.

Mein Freund - ich habe glücklicherweise (noch) viele -, der Sozialwissenschaftler Ernst Gehmacher, spricht gerne von der „Mehrfach-Loyalität" der Minderheiten. Österreich einst, die Vereinigten Staaten von Amerika von gestern und der Staat Israel von heute zeigen uns, wie aus einem ethnischen Schmelztiegel - diesbezüglich darf ich mich auf das Wien-Buch meines (erraten, liebe Leser) Freundes, Günter K. Kodek, berufen - eine „eisenharte" Nation wird. Diesen Weg sollten auch die heutigen Zuwanderer gehen; überall auf der Welt - auch bei uns.

Ich kenne diesen Weg, ich benütze ihn; er ist nicht einfach, aber durchaus begehbar und bietet noch genügend Platz für „Mitgehende". Statt eines „Berg-Heil!", oder einer „Gute-Berg-Kameradschaft!" darf ich mich von allen Interessierten und Betroffenen mit einem „Geh' mit!" verabschieden.

Bibliographie

Bailer, Brigitte: „Wiedergutmachung. Kein Thema. Österreich und die Opfer des Nationalsozialismus", Wien 1993

Bauman, Zygmunt: „Identität bedeutet immer: noch nicht", „Psychologie heute" 8/1995

Beckermann, Ruth: „Unzugehörig. Österreich und Juden nach 1945", Wien 1989

Bergmann, M. S.: „Generations of the Holocaust", New York 1992

Brosch, Renate: „Jugend und Sucht", Wien 1995

Dallaire, Francoise: „Mon souvage au Canada", Paris 1995

Erich, Renate: „Zigeuner", „Ziehharmonika - Literatur-Widerstand - Exil", Wien 12. Jh./1

Ermacora, Felix: „Zum Recht auf Schutz der Minderheiten", in: Reinhold Henke (Hrsg.): „Leben lassen ist nicht genug. Minderheiten in Österreich", Wien 1986

Friedmann, Alexander (und Hofstätter Maria, Knapp, Ilan): „Eine neue Heimat? Jüdische Emigrantinnen und Emigranten aus der Sowjetunion", Wien 1993

Gangloff, Tilman P.: „Gewalt an Schulen: Kaum die Rede wert?", „Psychologie heute" 8/1995

Gansrigler, Franz: „So ist das gesunde Volksempfinden", „Die Furche" 18/1995

Gauß, Karl-Magnus: „Die Toten leben", „Die Presse", 17. 6. 1995

Girtler, Roland: „Randkulturen - Theorie der Unanständigkeit", Wien 1995

Grünberg, Kurt: „Das Thema der späten Geburt", „Psychologie heute" 8/1987

Gürses, Hakan: „Wechselspiel der Identitäten. Bemerkungen zum Minderheitenbegriff", „SWS-Rundschau", Wien 4/1994

In der Maur, Wolf: „Zigeuner", Wien 1992
Jellinek, Elfriede: „Die Kinder der Toten", Wien 1995
Kersten, Joachim: „Der Männlichkeit-Kult - Über die hintergründe der Jugendgewalt", „Psychologie heute" 9/1993
Landesmann, Peter: „Die Juden und ihre Widersacher", München 1989
May, Derwent: „Hannah Arendt - eine bedeutende Repräsentantin deutsch-jüdischer Kultur", München 1990
Meier-Rust, Kathrin: „Plötzlich soll Huck Finn ein Rassist gewesen sein?", „Rheinischer Merkur" 28/1995
Nunner-Winkler, Getrud: „Das Ich im Lebenslauf", „Psychologie heute" 12/1988
Perching, Bernhard: „Ethnizität, Minderheit, Assimilation. Einige kritische Anmerkungen", in: Rainer Bauböck (Hrsg.): „... und raus bist du! Ethnische Minderheiten in der Politik", Wien 1988
Seligmonn, Raffael: „Mit beschränkter Hoffnung", München 1992
Segev, Tom: „Die siebte Million - Der Holocaust und Israels Politik der Erinnerung", Reinbek 1995
Sittinger, Ernst: „Über Auschwitz reden, damit wir zum Immunfaktor werden", „Die Presse" 11. 7. 1995
Soeffner, Hans-Georg: „Die Ordnung der Rituale", Frankfurt 1993
Stiegnitz, Peter: „Die Neuen - Ausländer-Assimilation in Österreich", Wien 1994
Schmelzer, Mathias: „Den Weg der Öffnung gehen - Ein Portrait des Oberwarter Roma-Sprechers Stefan Horvath", „Ziehharmonika" 12. Jg./1
Thurner, Erika: „Lety bei Pisek - Nationaldenkmal für die tschechischen Roma", „Mitteilungen der Gesellschaft für politische Aufklärung", Wien-Innsbruck 4/1995
Thurner, Erika: „‚Zigeuner' - Das Vorurteil als gesellschaftlicher Platzanweiser", „SWS-Rundschau" 4/1995

Wagner, Michael: „Roma im Rampenlicht", „Die Furche" 19/1995
Weninger, Thomas: „Kommunales AusländerInnenwahlrecht", „SWS-Rundschau" 4/1995
Zur, Ofer: „Was es bringt, ein Opfer zu sein", „Psychologie heute" 9/1994

Namensregister